电子商务与现代物流的协同发展研究

刘晓燕◎著

北京工业大学出版社

图书在版编目（CIP）数据

电子商务与现代物流的协同发展研究 / 刘晓燕著．—北京：北京工业大学出版社，2022.3
　　ISBN 978-7-5639-8290-5

　　Ⅰ．①电… Ⅱ．①刘… Ⅲ．①电子商务－物流管理－研究 Ⅳ．①F713.365.1

中国版本图书馆 CIP 数据核字（2022）第 058413 号

电子商务与现代物流的协同发展研究
DIANZI SHANGWU YU XIANDAI WULIU DE XIETONG FAZHAN YANJIU

著　　者：	刘晓燕
责任编辑：	李俊焕
封面设计：	知更壹点
出版发行：	北京工业大学出版社
	（北京市朝阳区平乐园 100 号　邮编：100124）
	010-67391722（传真）　bgdcbs@sina.com
经销单位：	全国各地新华书店
承印单位：	唐山市铭诚印刷有限公司
开　　本：	710 毫米 ×1000 毫米　1/16
印　　张：	12.25
字　　数：	245 千字
版　　次：	2023 年 4 月第 1 版
印　　次：	2023 年 4 月第 1 次印刷
标准书号：	ISBN 978-7-5639-8290-5
定　　价：	72.00 元

版权所有　翻印必究

（如发现印装质量问题，请寄本社发行部调换 010-67391106）

作者简介

刘晓燕，女，1973年8月出生，江苏省泰州市人，毕业于上海交通大学，硕士学位，现为无锡科技职业学院副教授，高级工程师，研究方向为现代物流管理。主持并完成江苏省教育厅哲社课题两项、江苏省教育厅高等教育教改课题两项、江苏省在线开放课程两项、江苏省社会教育规划重点课题一项，完成江苏省"十三五"重点规划教材一部，发表论文约二十篇，作为主编出版教材五部。

前 言

随着经济和科技的飞速发展,电子商务已经渗透到了社会生活的方方面面,成为推动经济增长的重要力量。在电子商务发展的过程中,现代物流的作用越来越重要。科学有效的现代物流是电子商务发展的重要保证,同时,物流企业的发展也需要电子商务方面的技术作为支撑。电子商务与现代物流协同发展是大势所趋,符合时代发展的规律。只有电子商务与现代物流协同发展,才能突破两个行业存在的"瓶颈",促使两个行业共同进步。

全书共六章。第一章为绪论,包括电子商务概述、现代物流概述以及电子商务与现代物流的关系等内容;第二章为我国电子商务与物流协同发展的契机与现状,阐述了物流业发展历程和现状、电子商务与现代物流协同发展的契机、电子商务与现代物流协同发展的现状与形势以及电子商务与现代物流协同发展的必要性与可能性等内容;第三章为电子商务环境下的现代物流模式,包括电子商务下的物流模式概述、电子商务下的第三方物流以及电子商务下的新型物流等内容;第四章为电子商务环境下的现代物流服务,阐述了电子商务下的物流服务优化对策、电子商务下的物流客户服务内容以及电子商务下的物流客户服务策略等内容;第五章为电子商务环境下的物流系统运作,阐述了电子商务物流系统的基本问题、B2B电子商务环境下的物流系统运作、B2C电子商务环境下的物流系统运作、C2C电子商务环境下的物流系统运作以及O2O电子商务环境下的物流系统运作等内容;第六章为电子商务与现代物流协同发展的策略,阐述了电子商务下现代物流的发展趋势、电子商务与现代物流协同发展的重要意义以及电子商务与现代物流协同发展的有效策略等内容。

本书是笔者主持的江苏省高等教育教学改革课题《与职业(行业)标准相衔接的课程与教学内容体系建设研究》(编号:2021JSJG527)的成果之一,也得到了2021年江苏高校"青蓝工程"优秀团队资助。

为了确保研究内容的丰富性和多样性,笔者在写作过程中参考了大量理论与研究文献,在此向涉及的专家、学者表示衷心的感谢。

最后,限于笔者水平,本书难免存在一些不足之处,在此恳请同行专家和读者朋友指正!

目 录

第一章 绪 论 … 1
第一节 电子商务概述 … 1
第二节 现代物流概述 … 15
第三节 电子商务与现代物流的关系 … 34

第二章 我国电子商务与物流协同发展的契机与现状 … 36
第一节 物流业发展历程和现状 … 36
第二节 电子商务与现代物流协同发展的契机 … 43
第三节 电子商务与现代物流协同发展的现状与形势 … 44
第四节 电子商务与现代物流协同发展的必要性与可能性 … 48

第三章 电子商务环境下的现代物流模式 … 52
第一节 电子商务下的物流模式概述 … 52
第二节 电子商务下的第三方物流 … 66
第三节 电子商务下的新型物流 … 75

第四章 电子商务环境下的现代物流服务 … 126
第一节 电子商务下的物流服务优化对策 … 126
第二节 电子商务下的物流客户服务内容 … 135
第三节 电子商务下的物流客户服务策略 … 139

第五章 电子商务环境下的物流系统运作 … 147
第一节 电子商务物流系统的基本问题 … 147
第二节 B2B 电子商务环境下的物流系统运作 … 150

第三节　B2C 电子商务环境下的物流系统运作 ………………… 156

　　第四节　C2C 电子商务环境下的物流系统运作 ………………… 162

　　第五节　O2O 电子商务环境下的物流系统运作 ………………… 169

第六章　电子商务与现代物流协同发展的策略 ……………………… 179

　　第一节　电子商务下现代物流的发展趋势 ……………………… 179

　　第二节　电子商务与现代物流协同发展的重要意义 …………… 181

　　第三节　电子商务与现代物流协同发展的有效策略 …………… 182

参考文献 ……………………………………………………………………… 186

第一章 绪 论

随着经济的迅速发展，电子商务（Electronic Business）也得到了快速发展，而在电子商务活动中，物流是相当重要的一环。因此，对电子商务与现代物流进行研究十分必要。本章主要对电子商务和现代物流的基本原理与内涵进行阐述，以期为电子商务与现代物流的相关研究提供借鉴。本章主要分为电子商务概述、现代物流概述以及电子商务与现代物流的关系三部分，主要内容包括电子商务的概念、电子商务的特征、现代物流、物流配送是实现电子商务的重要环节等。

第一节 电子商务概述

一、电子商务的概念

电子商务快速发展于 20 世纪 90 年代，90 年代末期还出现了"电子商务年"这一叫法。当前，各个国家的电子商务发展程度各异，并且不同国家因为所站角度的不同、本国电子商务发展程度的不同，对于电子商务有不同的定义。

广义的电子商务，包含各种依赖信息技术开展的商务生产经营活动，范围十分广泛，涵盖各种使用电子工具进行的商务贸易活动，如传真机与打印机的使用、企业网络交易活动等。

狭义的电子商务，指的是利用网络信息技术建设的一个全球化、虚拟化的网络交易市场。这一市场与传统实物交易市场有明显的不同，不需要中间环节的存在，买卖双方可以直接进行货物或服务的交易。

除特别注明外，本书所说的"电子商务"指狭义的电子商务。

二、电子商务的特征

（一）交易主体的虚拟性

不同于传统的交易模式，电子商务的购买方可以利用信息技术手段，在线浏览卖家的商铺注册信息、简介及商品信息，并可以对卖家的信用等级、先前购买者对商品及商铺的评价等信息进行了解，据此可对卖家做出相对全面且客观的判断。在电子商务模式中，购买者购买商品仅需要了解卖家商铺的信誉而不需要考虑卖家本人是否诚实守信。当然，对于卖家，电子商务交易平台是做过身份认证的。

对于卖方而言，出于对购买者隐私及人身进行保护等目的，卖家在一般情况下不会核实购买者的真实身份。同时，由于有电子商务交易平台在双方交易过程中所起到的保证作用，卖家也没有必要去核实购买者的真实身份。

因此，在电子商务模式下，大量的交易都是在买卖双方主体无须核实对方真实身份的情况下通过虚拟的账户实现的。

（二）交易的虚拟化

不同于传统的商务模式，在电子商务交易模式中，交易双方在完成交易的很多环节，如订立买卖合同、交易资金的支付和结算等，都是通过网络在线上进行的，交易双方不需要见面。特别是涉及虚拟商品及虚拟服务的交易更是如此，例如网络游戏中的装备交易、各大视频网站的会员交易等。

（三）交易成本较低

相比现实交易活动，电子商务可以节省许多烦琐的手续，减少买卖双方的交易环节，消费者交易更加便捷。另外，电子商务平台商家把商品的基本信息公布在互联网上，在智能手机大幅普及的情况下，可以降低消费者的搜寻成本，在最短的时间内为消费者匹配其想要购买的商品和服务，且交易采用线上支付方式，有效降低了消费者的交易成本。

（四）交易效率较高

线上支付方式使电子商务交易可以通过互联网迅速完成，商品和服务交易时间大幅缩短。同时，完善的电子商务平台能够保证较高的交易成功率。电子商务交易活动不同于实体经济交易活动，不受时间、空间的制约，世界各地的商品都可以通过线上销售平台进行即时交易，从而可以大大提高交易效率。

（五）不受时空限制

互联网的普及使信息传递不再受时间的限制，商品交换也不再局限于自己所在的地区，A国的电子商务平台的卖家可以接受来自B国的买家发出的订单。

三、电子商务对经济的影响

电子商务会对一个国家的经济产生重要影响。

首先，电子商务改变经济重心。在传统经济运行方式中，制造和售卖过程占很大的比重，经济危机也经常冲击制造和售卖环节。在电子商务经济模式出现之后，制造成本和售卖成本大大降低，这改变了经济运行各环节的比重，将经济运行的重点向设计和消费环节转移。

其次，电子商务给经济增长注入活力。电子商务依托高新技术展开，能最大程度地降低交易成本，提高市场效率，更加充分地利用资源，刺激消费者消费，增加投资机会和就业岗位，促进经济增长。

再次，电子商务加速产业结构优化。电子商务产业背后是一整套产业链。科学技术是推动产业发展的重要生产力。进一步来说，互联网、大数据等先进的高新技术的应用非常重要，甚至被一些学者认为是推动产业结构优化升级的制胜法宝。电子商务的发展不仅促进了科学技术的进步，而且刺激了第三产业的发展，为加快经济转型提供了良好的契机。

最后，电子商务促使金融产业更新换代。电子商务的不断发展必将需要良好的电子金融支付功能来保障，而发展良好的电子商务业务也为增加金融业务提供了保障，两者是相互促进的关系。因此，当电子商务不断发展的时候，金融体系必将不断催促自身体系加快更新换代速度，以适应社会的需要。当前，很多国家的金融业务都已经可以提供完善的网上交易以及电子支付手段。

四、常见的电子商务模式

电子商务模式是指企业基于互联网等信息技术而采取的企业经营方式和渠道。企业可以根据自身经营内容、产品/服务特征、消费者特征，选择相应的电子商务运营模式。电子商务在我国经过多年的发展，主要形成了以下几类模式：

B2B（Business to Business，企业对企业）模式、B2C（Business to Consumer，企业对消费者）模式、C2C（Customer to Customer，消费者对消费者）模式、O2O（Online to Offline，线上到线下）模式。

（一）B2B 模式

B2B 模式是企业与企业之间基于网络平台，以促成交易为目的，而进行信息交换或直接完成交易的电子商务模式。通常，在 B2B 模式里，商品和服务提供方为卖方，主要是商品或服务的源头提供商或渠道商，而另一方企业则属于买方角色，主要是终端零售商或经销商。在这种模式下，企业并不仅仅是要促成交易，还要借助于网络平台进行产品的营销推广和企业宣传，以扩大企业在业内的知名度。当前国内具知名度的 B2B 平台有阿里巴巴、慧聪网等。

（二）B2C 模式

B2C 模式是企业与消费者基于网络平台进行商品或服务交易的电子商务模式。在该模式下，卖方是具有法人资质的企业，通过 B2C 平台发布商品和服务详细信息，在买家提交订单后，通过第三方快递完成产品交付。随着人们生活品质的提高，消费者更加注重产品和服务的质量，因此，B2C 平台对于企业的入驻要求也在逐步提高，如国内著名的 B2C 平台天猫和京东，都需要企业方提供商标或商标授权才能在平台发布商品信息。

（三）C2C 模式

C2C 模式是个人卖家通过网络平台将商品和服务出售给其他个人消费者的电子商务模式。在电子商务发展初期，C2C 模式最为流行。一方面，由于当时电子商务还是新兴商业形态，C2C 平台为了快速获取消费者和商家，对于商家入驻资质要求并不太高，只需要提供实名认证即可在平台上售卖商品；另一方面，由于个人卖家提供的商品大多为自己生产，且具有一定的特色，因此相应成本也较低，于是在 C2C 平台销售的商品呈现了物美价廉的特征。当前，国内知名的 C2C 平台主要是淘宝网。

（四）O2O 模式

在移动网络和智能终端普及的背景下，电子商务发展逐渐呈现线上与线下相融合的态势，主要表现为，消费者通过网络获取附近商品或服务信息，在提交订单后，消费者可以去对应的实体店铺获得商品或服务。O2O 模式的特点在于让消费者与商品或服务实现了零接触，大大提高了用户的购物体验。基于 O2O 模式的特点，该模式广泛应用在服务领域，如影院、餐馆等。

五、电子商务关键技术

支撑电子商务发展的重要基础是电子商务平台。中央财经大学中国互联网经济研究院在专题报告《中国电子商务发展二十年》中提到，搜索引擎、在线支付、移动支付等技术是互联网平台发展的关键技术。

近年来，对电子商务相关技术的研究较多，多数将重点集中在推荐系统、加密机制、挖掘技术等，而较少从整个电子商务平台运转的更宏观角度来总结。电子商务平台涉及的技术范围较广，但从系统运行框架来总结，电子商务平台依赖的关键技术是云计算、大数据和机器学习技术。

（一）云计算

电子商务平台运行的基础环境是物理和逻辑上分离的多个云数据中心。2006年，Google 等公司提出"云计算"概念。云计算的主要特点包括弹性计算、资源池化、按需服务、服务可计费和泛在接入，其体系架构一般分为：核心服务层，包括基础设施及服务层（IaaS）、平台及服务层（PaaS）、软件及服务层（SaaS）；服务管理层，主要确保核心服务层的服务质量和安全；用户访问接口层，为各类应用提供开发接口。尽管云计算的商业应用模式已经比较成熟，如亚马逊的云平台、阿里巴巴的阿里云等已经广泛应用到工业界，但云环境下的任务调度、负载均衡、能耗等问题依旧是热点问题。

（二）大数据

电子商务平台依托互联网技术，拥有巨大的用户量和交易量。无论是传统的零售商沃尔玛的线上购物网站，还是当前的电子商务巨头亚马逊、阿里巴巴等，都需要处理规模巨大的数据。淘宝网 2010 年拥有注册会员 3.7 亿，2014 年注册会员已经超过 5 亿且日活跃用户超过 1.2 亿。同时，在线商品数量由 2010 年的 8.8 亿增长到 2014 年的 10 亿，每天交易超过数千万笔。在如此庞大的用户活跃度和交易量基础上，淘宝网单日产生的数据量早已达 TB 级别，存储量从 2010 年的 40PB 上升到 2014 年的 100PB。美国互联网数据中心曾指出，互联网数据每 2 年翻一番。由此可见，数据的增长量有可能超过摩尔定律。工业界则普遍认为大数据具有 4V 特征，即 Volume（容量大）、Variety（种类多）、Velocity（速度快）、Value（价值密度低）。

大数据的处理流程一般包括：数据采集、数据处理和集成、数据分析和数据解释。大数据和云计算相辅相成，如果将大数据比作帮助人们解决问题、提高效率的工具，如汽车，那么云计算就是汽车能够跑起来的公路。除云计算外，大数据还依赖的关键技术包括文件系统、数据库系统、索引和查询技术、数据分析技术等。大数据的应用类型包括很多，主要处理模式为批处理和流式处理。批处理的典型技术是 Google 公司在 2004 年提出的 MapReduce 编程模型，其核心思想是分而治之、先分后合：分的阶段为 Map 阶段，将处理任务分解到海量机器上，在合的阶段即 Reduce 阶段，将任务处理结果合起来。两个阶段依靠 Key/Value 数据连接，同时在分合的过程中尽量将计算推导数据而不是将数据推导计算，利用海量机器的计算资源和存储资源实现并行任务处理。流式处理是将数据视为流，对数据流的实时处理更多依赖内存中巧妙的数据结构设计，代表开源系统，包括 Storm、Spark、Kafka 等。在金融、电子商务等相关行业，大数据技术促进了传统数据仓库系统方案的架构改变，从并行数据库主导的传统数据仓库演变为并行数据库和 MapReduce 集成的新型数据仓库。当前对大数据处理的研究热点包括大数据的能耗问题、大数据的融合问题、大数据的集成和管理问题、大数据的隐私问题等。近年来，随着人工智能等相关技术的发展，人们逐渐将深度学习、强化学习等相关技术应用到大数据处理和分析的重要环节。

（三）机器学习

机器学习技术在电子商务领域应用的场景越来越多，从早期的推荐系统到当前应用较广泛的物品自动识别和分拣、人脸识别、智能推荐、智能机器人、智能物流等。

机器学习是人工智能发展到一定程度的必然产物。早在 1950 年，图灵在关于图灵测试的文章中就提到了机器学习的可能。20 世纪 70 年代，机器学习发展成为包括支持向量机、决策树、逻辑回归、神经网络等众多学习方法的学科。

随着 21 世纪云计算、大数据等技术的崛起，计算机的算力大幅提升，基于神经网络的深度学习发展迅速，在语音、图像等复杂对象的应用中，取得较好的效果。深度学习由多层的神经网络组成，底层输出作为高层输入，从大量的训练数据中学习抽象的特征表示，从而发现数据的特征。

在电子商务领域，机器学习不仅广泛应用在手写体识别、推荐系统、文本匹配、舆情分析等众多场景，而且作为一种基础技术手段，应用在大规模数据处理的节点选择、链路路由、任务调度等方面。

除深度学习外，强化学习作为机器学习的另一个研究热点，是从环境状态映射到动作的学习，其目标是找到一个最优策略，使智能体获得尽可能多的来自环境的奖励。马尔可夫决策过程常常用于对强化学习进行建模。其中，在任务部署阶段，针对虚拟网络映射，设计了深度强化学习模型，利用深度神经网络训练Agent（智能体），存储深度网络模型的参数，同时实现值函数的逼近。在电子网站的评价中，利用聚类算法实现对电子网站的分类和评价。

六、我国电子商务的发展历程

对于我国电子商务发展的整个历程，本书在参考相关文献研究的基础上将近30年来我国电子商务的发展历程大致划分为启蒙、发展竞争、合并共赢三个重要阶段。

（一）第一阶段：启蒙阶段

电子商务发展的第一个阶段在1990年到2000年之间。美国知名电子商务法律专家把电子商务划分为两种形式：EDI电子商务与INTERNET电子商务。1991年我国引入了EDI电子商务，这标志着我国开始出现最早的电子商务形式。1997年我国出现了两家以B2B交易模式为主营业务的电子商务公司——中国商品交易中心和中国化工网。在这一阶段，通过网络在线销售软件、计算机、图书和电子产品的8848网探索出了一个新的交易模式——B2C交易模式。尽管在最初的启蒙阶段，电子商务的概念还没有真正形成，但我国电子商务从无到有的这一重大突破得以实现，第一批网络消费用户出现。

（二）第二阶段：发展竞争阶段

2000年到2014年是电子商务发展的第二阶段，即发展竞争阶段。2001年中国正式加入WTO（世界贸易组织），这对我国经济发展来说意义重大。加入WTO对国内电子商务的发展起到了非常大的刺激作用，这期间我国电子商务交易额不断增长，人们的网上购物的习惯被慢慢培养起来。

这一阶段也是我国电子商务竞争最为激烈的一个阶段，先是雨后春笋般发展起来数以万计的团购网站，接着在几年的时间里，千团大战使团购完成了从自由竞争到几家寡头垄断的相对稳定的市场格局。这期间人们印象最为深刻的便是外卖之战、出行之战。在阿里巴巴正式收购饿了么之前，饿了么和美团竞争激烈，当时双方互打价格战，补贴力度空前，常常人们只要花几块钱就能美美地饱餐一顿。在出行方面，快的打车和滴滴打车也是如此，滴滴打车率先对网约车主和乘客进行补贴，快的打车随后跟上，双方的补贴力度都非常大，不过这个过程并没持续太久。

在此阶段，电子商务经历了飞速发展、国内混乱竞争直至最终优胜劣汰的过程，在竞争后期，电子商务平台经营者开始从风险资本市场向现实市场的需求转变，和传统企业进行合作，将传统消费模式作为基础并增添新内容，取得了不错的效果。电子商务的运用方法在这一时期也有所完善。

（三）第三阶段：合并共赢阶段

第三个阶段是合并共赢阶段，时间是从 2015 年到现在。2015 年在市场的推动和政府的主导下，一些电子商务平台开始转变思路，走向合并之路，例如，赶集网和 58 同城合并、携程和艺龙合并、滴滴打车和快滴打车合并、美团和大众点评合并，使我国电子商务的发展进入了一个相对稳定的阶段。同期，国家利好政策不断出台。随着政府对电子商务支持力度的不断加大，我国的电子商务支付、物流快递等基础设施不断完善，电子商务交易额也在突飞猛进，不断实现新的突破。

七、我国电子商务的发展现状

（一）互联网基础建设情况

1997 年 11 月，中国互联网信息中心（CNNIC）首次组织编写并顺利发表了《中国互联网络发展状况统计报告》，自此这一报告于每年的年初或年中发表。这一报告编写并发表的主旨在于从国家宏观层面，运用宏观数据，针对互联网与信息技术、电子商务的发展现状及最新趋势进行权威解读。通过这一报告，读者可以详尽地看到我国互联网发展历程。报告的数据分析详尽且到位，为从事互联网发展研究的学者提供了很好的信息获取渠道。

通过对 2020 年全年数据进行分析发现，在上网设备方面，我国有 99.7% 的民众在使用手机上网。关于互联网用户每周上网时长问题，综合一年数据得出，我国民众平均上网时间维持在 26.2 个小时，新冠肺炎疫情较严重的月份则是

30.8 个小时。由此可以看出，受疫情影响，部分人员居家隔离，人们上网时长有所增加，当生产生活恢复正常后，上网时间有所减少。

（二）网民规模

"十三五"期间，我国网络使用者数量上升，达到 9.89 亿，堪称国际上规模最大的数字群体。截至 2020 年年末，我国网络使用者规模占到世界网络使用者规模的两成左右。此外，之前网民群体的主力军是青少年群体，现在，网民群体年龄层次多样化趋势日趋明显，呈现网民用户由青少年群体为主向老年人群体与未成年人群体外扩的态势。老年人群体愿意接触互联网，未成年人群体拥抱网络电子化，都为我国继续成为国际上规模最大的数字社会群体埋下了伏笔。

（三）网络购物用户情况

结合 2020 年全年数据分析，约 80% 的网民进行网络购物，共计 7.82 亿人，其中使用手机进行网络购物的网民就有 7.81 亿人。由此可以看出，大部分网络使用者都喜欢进行网络购物，并且目前一般都是通过手机操作下单。

（四）网络零售发展情况

买卖双方依托互联网进行商品或服务的相关交易，称为网络零售，也称为网络购物。网络经济服务平台电子商务大数据显示，2020 年上半年，我国实现了 5.36 万亿元的网络零售额，2020 年全年网络零售额达到 12.33 万亿元。从 2015 年到 2020 年，网络零售交易规模持续扩大，增速在 2015 年至 2017 年间保持在超过 30% 的水平，此后保持在约 20% 的水平。

八、我国电子商务的发展趋势

（一）规模不断扩大，形式呈现多样化

现阶段我国民众消费习惯与以往传统消费方式相比，已发生较大程度的转变。现在网络消费盛行，大量电子商务平台在为人们服务。针对服务主体的不同，电子商务模式不尽相同，常见的商业模式有 B2B、B2C、C2C、O2O 等，并且电子商务模式在不断扩充，如供给对需求（Provide to Demand）、门店在线（Online to Partner）等模式。随着我国经济的不断发展，电子商务领域将会产生更多不同门类、不同模式的电子商务平台。

在近年国内经济下行压力下，消费者购买力有所下降，与传统交易方式相比，电子商务交易活跃性增强。面对消费者消费方式的转变，企业纷纷开通线上业务，使国内电子商务企业整体数量增多。据统计，截至2020年年底，我国共有超过378万家电子商务相关企业。电子商务交易范围涉及衣食住行以及消遣娱乐等诸多方面。2020年我国全年电子商务交易额为37.21万亿元。从统计数据来看，有电子商务交易活动的企业数量整体呈现增长趋势，交易规模在持续扩大，且电子商务在消费端的应用水平高于在企业生产端的应用水平。

2020年以来受新冠肺炎疫情影响，全球经济萎缩，线下受阻，电子商务的优越性凸显，对国内经济发展引导显著，这进一步强化了电子商务发展的重要性。在国内经济社会发展的大环境以及政府政策的刺激下，国内电子商务规模将进一步扩大。

（二）基础设施日益强化，体系不断完善

电子商务依靠互联网改变了商品的传统流通方式，而一个订单的完成需要依靠众多基础设施的支撑才能得以实现，如技术支持、仓储配送、网络支付等。

当前我国电子商务支撑体系日益完善。从消费主体来看，随着我国互联网的快速发展，电子信息化水平不断提高。根据国家统计数据显示，2020年，全国移动电话普及率达113.9部/百人，且首次使用智能化手机的人群有向低龄化发展的趋势。而国内4G技术的完善和5G技术的兴起，使电子商务信息技术基础、消费主体基础日益加强。从地域范围来看，电子商务活动已不再局限于大城市，随着互联网的深入、乡村公路的通达，以及国内"四通一达"末端网点的开设，电子商务已触及中国农村区域。

除此之外，在电子商务领域，运输包装质量提高，冷链体系建立，自动化设施得以应用，行业专业化水平增强，商品流通水平提高。从技术方面来看，以阿里巴巴为主的电子商务平台为企业提供平台和技术支撑，减小了中小企业进入电子商务所面临的技术壁垒。从安全性来看，2019年《中华人民共和国电子商务法》正式实施，进一步促进了电子商务市场的正规化、合理化，有利于打击弄虚作假行为，保证商业主体的利益。

（三）电子商务与第一、第二产业的融合程度不断加深

电子商务以信息技术为核心，对推动农业现代化具有天然技术优势，与农业发展的联系也日益紧密。电子商务与农业的融合有助于减少或消除农业发展中的

信息不对称问题，有利于农户和企业及时把握市场需求，增强生产的针对性和智能性。同时，电子商务有利于缩短农户和消费者之间的距离，缓解农产品信息传输不畅等问题，扩大信息传输范围，并有利于解决农产品流通问题。据统计，我国农村网络零售额由2014年的1 800亿元增长到2020年的1.79万亿元。随着乡村振兴战略的进一步实施，以及扶贫产业的进一步成熟，我国将面临大量优质农产品的流通问题，而解决这一问题势必进一步推动农业与电子商务的融合。

除农业外，电子商务与制造业的融合趋势逐渐显现。电子商务以信息技术为核心，与传统方式相比具有数据记忆性——各类电子商务平台通过数据分析、社群运营等多种方式获取消费者偏好，能够更为精准地找到消费人群，并通过连接生产制造企业为消费者提供满足个性化需求的产品，从而促进制造业产业链上下游协同效率的提高，释放制造业发展潜力。

（四）电子商务对国内经济的带动效应逐渐增强

我国电子商务从较小规模、较小范围一步步发展壮大，对国内经济的带动效应逐渐增强。2013年，我国电子商务交易总额为10.2万亿元，对国民经济的贡献率为15%；到了2019年，我国电子商务交易总额为34.81万亿元，对国民经济的贡献率为45.6%，人均快速增长率呈下降趋势，但数量仍呈上升趋势。

电子商务能够对保障经济、社会平稳健康发展起到重要作用。2020年新冠肺炎疫情期间，在保障物资供应方面，电子商务平台积极扩大货源、畅通物流，有效保障了居民生活必需品供应和部分医疗物资配送；在助力复工复产方面，电子商务企业积极推出远程办公、在线会议、共享员工等模式、工具，有效解决了劳动力短缺和人员聚集风险之间的矛盾。可见，电子商务的灵活性在应对外部环境的改变冲击方面更具韧劲。

九、我国电子商务的发展策略

（一）加强企业信息化基础建设

首先，企业需要加强内部信息化的基础工作，提升信息化水平，让工作人员掌握计算机和互联网基础知识。

其次，企业要积极创造开展电子商务的条件，鼓励员工学习相关技能。

再次，政府需要提供资金和政策的支持。政府需要加大企业信息化投入，为信息化建设提供专项基金，推动高新技术的应用；为相关企业提供银行贷款服务，支持电子商务企业信息化系统的建设和改进；不断培育有利于信息化资本市场的条件，逐步形成风险投资机制，并鼓励企业之间进行良性竞争，降低电子商务建设成本。

最后，政府可以制定优惠税收政策。为了推动电子商务不断向前发展，政府可以对电子交易和电子商务实施税收的优惠政策。

（二）鼓励企业与信息化技术融合

在电子商务发展过程中，政府需要帮助企业吸纳各方面的技术与人才，以及融入资金等，鼓励并逐步引导信息技术进入企业的网络服务当中，使信息技术为客户提供定向服务内容，从而将商品贸易方式进行转化，实现多方式优势互补，促进企业发展。

当前我国鼓励政策中包括企业电子商务鼓励政策。电子商务是企业迈向现代化的重要标志，企业的未来生存与发展需要与电子商务紧密相连。政府宜将当地企业信息化水平列入考核当中，由相关领导对电子商务全面负责。

除此之外，政府主管部门需要在企业建设中进行有效审批，将电子商务与企业自身信息化水平作为审批的主要条件，并为企业电子商务推广工作制定优惠政策，鼓励企业运用电子商务进行贸易交流。

另外，政府可以通过网上办理公务带动企业上网，将管理现代化、网络化，实现网上年检和监管等工作，并制定网上个人隐私保护法律法规，确定电子商务的网上购物站点，使人民群众能更加方便、安全地进行网上购物活动。

（三）加强对电子商务的监管

电子商务涉及面广，政府应做好电子商务的监管工作。

1.统筹好线上线下监管

①做好档案管理信息化建设。建立健全已有的网络经营主体监管档案库，建立事前、事中、事后的信息完善和更新机制，采取注册时告知、运营中变更、巡查时通知等方式，及时更新网络经营者信息，实现"以网管网"，为强化监管、执法办案等提供基础保障。同时，进一步推动信息共享机制建设，打破"数据烟囱""信息孤岛"状态，在整合行政监管平台的基础上，在法律许可的范围内，加强政企协作，深度开展信息共享，建立和完善电子商务平台向市场监管部门提供办案相关数据的信息机制，为网络执法提供技术支持。

②持续巩固和深化专项行动。在总结和改进往年工作的基础上，继续开展专项行动。以群众反映强烈、社会危害较大的假冒伪劣商品、刷单炒信以及网络促销违法行为、侵害消费者知情权和选择权等行为为重点，不断加大对电子商务违法行为的打击力度，持续巩固专项行动效果。

③加大技术支撑。加强大数据、5G等新技术在电子商务监管中的运用，依托网络交易监管平台和备案制度，结合网络巡查和线下检查等方式，强化对违法线索的发现、收集、甄别等，确保提前预防、精准打击。

2. 健全完善线下监管

①理顺监管责任。建立"网上巡查发现问题—实地检查深挖问题—严格执法解决问题"的责任闭环，并以实际监管片区划分网上监管对象，做到线上线下相统一，实现精准监管。

②整合监管方式。坚持专项行动与日常监管相结合，利用重大节庆和"618""双11"等消费节日的重要时机，严查食品药品、服装鞋帽等重点领域，紧抓刷单炒信、虚假宣传等常见问题，常态化组织开展专项行动，持续加大打击力度，净化线下市场环境。完善日常监督巡查制度，强化建档的网络市场主体的监管，坚持线上线下治理并举，组织注册地执法人员深入经营场所开展实地检查与摸排。注重群众举报与线索收集，加大对"黑作坊""黑窝点"打击力度，维护公平竞争的市场秩序。注重对农村电子商务和跨境电子商务的监管，依据《中华人民共和国电子商务法》《中华人民共和国食品安全法》等相关法律，制定一套针对本地实际的监管办法。

3. 完善信用监管体系

2019年4月，《网络交易监督管理办法（征求意见稿）》提出：电子商务平台应当建立健全信用评价制度，明确信用评价规则，及时公示评价结果，为消费者提供公开评价途径；县级以上市场监管部门对电子商务经营者实施信用监管，纳入信用记录和年报公示中，对涉企信息统一归集并依法公示。

该监督管理办法指出，落实实名登记和认证制度，加强企业登记信息、许可信息、行政处罚信息和年报信息的公示工作，完善电子商务信用评价体系，鼓励和帮助县域内电子商务平台经营者结合自身发展和行业特点，探索电子商务信用互评和积分制度，尝试将合同、承诺履行情况纳入交易档案，评价结果及信用积分在平台上公开。完善工作机制，确保行政许可和行政处罚信息依法公示，着力培养和提高企业在年报公示中的主体责任意识，引导和提升企业年报公示的自觉性和主动性,持续推动网络经营主体按时完成年度主体经营信息在国家企业信用信息网上公开公示,实现事中、事后监管信息可查、可用,全面夯实企业接受社会化监督的基础,在全社会营造崇尚诚信、践行诚信的良好氛围。鼓励和指导电子商务平台经营者以实名认证信息为基础,做好平台内经营者的信用记录,将交易过程中涉及恶意评价、刷单炒信、虚假交易、虚假宣传、假冒伪劣、价格欺诈以及其他失信行为信息记入失信主体信用档案。同时,强化各部门数据共享,其中涉及企业的相关信息按规定推送共享在国家企业信用信息公示系统公示。

《网络交易监督管理办法》于2021年3月15日发布,自2021年5月1日起施行。

4. 构建专业执法队伍

（1）优化执法人员配备

按照梯次培养的原则,增强监管力量,形成老中青接续培养局面。制定和实施轮岗交流机制,除现有网监人员之外,动员年轻干部广泛参与电子商务监管工作。在培养人才的同时,着力发现和挖掘相关专业人才,不断充实到电子商务监管执法队伍中来。建立人员流动制度,建立能"上"能"下"、能"进"能"出"、竞争择优、充满活力的用人机制,对于不能适应或胜任相关工作的工作人员,要及时调整岗位,始终保持电子商务监管队伍的战斗力。探索吸纳社会专业人才、优秀大学毕业生协助开展电子商务监管的机制,充分汇聚智力,提升监管实效。

（2）加大培训学习力度

通过多种方式加强业务培训,坚持覆盖全体执法人员,坚持覆盖电子商务监管全链条,培育先进执法理念,不断提高执法人员办案技能和依法行政水平。一是定期开展集体学习。就《中华人民共和国电子商务法》《网络交易监督管理办法》等相关法律法规以及有关政策文件组织开展集体学习,定期邀请有关专家学者、网监骨干等传授监管办案技巧,不断开阔视野、更新知识,提升执法办案水平。二是加强内部交流。加强系统内的交流,结合日常工作和执法实践,采取以案说法、经验交流、集体讨论等多种形式,就电子商务监管实践中总结的经验和遇到的问题开展交流、相互借鉴、共同提升、合力攻坚、破解难题,不断提升电子商务监管能力和水平。三是学习先进单位工作经验。组织从事电子商务监管执法人员以实地观摩学习等形式,到北京、浙江等先进省市,就电子取证、电子数据调查分析、网页在线留证等专业知识开展学习,进一步提升电子商务监管水平。四是加强与行政相对人的沟通。通过在公众号开设意见、建议专栏以及邀请电子商务经营者、电子商务平台经营者、执法人员共同座谈等方式，了解执法实效和各类市场主体的需求，不断改进和完善执法方式方法。

（四）完善政策体系

产业政策体系是否完善影响着电子商务的市场环境，因此，政府需要制定严格的规章制度和操作标准，出台对企业有帮助的优惠政策，制定各项技术的应用标准，研究并防范交易存在的风险，支持企业通过革新技术、创新管理方式等手段积极发展电子商务。针对电子商务未来发展的需求，既要调整企业内部结构和产品结构，为未来发展提供问题的解决方案并进行技术支持，又要加快电子商务系统软件的模块化、构件化，使电子商务系统更加商品化、便利化，让电子商务为各类企业提供更多服务内容。

第二节　现代物流概述

一、物流

（一）物流的概念

关于什么是物流，目前学界对此众说纷纭，各家观点界定的侧重点不尽相同。物流的发展经历了较长的历史时期，从最初传统物流到当前现代物流，物流的内涵日益丰富、完善，其外延也在不断扩展，适用范围逐步拓展、延伸。

要准确、科学地界定物流的理论内涵，首先要对其历史演变有一个较为清晰的认识。

"物流"一词源自美国，早在1915年，美国学者阿奇·萧（Arch Shaw）就对"物流"这个概念做了一个界定，他提出，"物流是与创造需求不同的一个问题"。需要指出的是，此时人们对于物流的认识在领域上还是相对狭小的，仅仅限于企业销售领域。

1922年，随着社会实践的发展，人们对物流的研究逐步深化，美国学者克拉克（Clark）提出了"Physical Distribution"（以下简称为PD）的物流概念，把"PD"的概念用来研究企业的经营。

第二次世界大战期间，针对战争物资需求，美国军队建立了"后勤"（Logistics）这一理论，并且用"后勤管理"这个专门名词指代物流。第二次世界大战结束后，"后勤"一词逐渐在企业管理中得到应用，出现了"商业后勤""流通后勤"的名词，这时候的"后勤"包括了"生产"和"流通"这两个阶段的物流，是一个使用范围相对之前包含内容更广的物流范畴。

一直到1984年，"物流"这个概念正式被美国物流管理协会由"PD"改为"Logistics"。1998年，美国物流管理协会将"物流"定义为"物流是供应链过程的一部分，是以满足客户需求为目的，以高效和经济的手段来组织产品、服务以及相关信息从供应到消费的运动和存储的计划、执行和控制的过程"。

"PD"这一概念自20世纪70年代传入日本后，刚开始被翻译成"物的流通"，后日本学者平原直使用了"物流"一词，由于"物流"这个词非常简洁，被广泛使用。20世纪70年代，日本是物流业比较发达的国家。日本的一些专家、学者对"物流"进行了这样的描述：物流是包含物质资料的废弃与还原，联结主体与需要主体，克服空间与时间距离，并且创造一部分形质效果的物理性经济活动，具体包括运输、保管、包装、装卸、搬运、流通加工等活动及有关的信息。

20世纪80年代初，"物流"的概念从日本传入我国。我国的一些专家、学者展开了对"物流"的研究。有一种"物流"的概念表达是"物质资料在生产过程中各个生产阶段之间的流动和从生产场所到消费场所之间的全部运动过程，包括运动过程中的空间位移及与之相关联的一系列生产技术性活动"。2001年8月1日，国家标准《物流术语》开始实施，其中对"物流"的概念表述如下：物品从供应地向接受地的实体流动过程，根据实际需要，将运输、储存、装卸、搬运、包装、流通加工、配送、信息处理等基本功能实施有机结合。

（二）物流的分类

物流按照不同的分类标准有不同的划分方法。

按物流在企业生产经营流程中的作用，物流可分为供应物流、生产物流、销售物流、回收物流和废弃物物流。

按物流系统范围，物流可分为社会物流、行业物流以及企业物流。

按物流活动的空间范围，物流可分为地区物流和国际物流。

根据业务运行的内容和特点，物流又可以分为冷链物流、电子商务物流、军事后勤物流、常温物流以及敏捷制造物流等。

（三）物流的功能

1. 装卸和搬运功能

装卸和搬运是物流活动中必不可少的环节，是运输、保管、包装、流通加工等物流活动进行衔接的中间环节。物流过程的各环节都要依靠装卸和搬运活动进行衔接。对装卸和搬运的管理，主要是对装卸和搬运的方式以及机械设备的选择和使用，使装卸搬运合理化，以达到尽可能减少装卸搬运次数、节约物流费用、获得最大经济效益的目的。

2. 仓储功能

在物流活动中，仓储功能占据重要地位。仓储包括货物的堆存、管理、保管、维护等一系列活动。随着经济的发展，物流由少品种、大批量物流进入多品种、小批量或多批次、小批次物流时代，仓储功能逐渐从重视保管效率变为重视如何才能顺利地进行发货和配送作业。

3. 运输功能

运输是指使物品发生空间位移的物流活动，它占据物流活动的中心位置。运输可以解决物品从生产地到消费地的空间距离问题，创造商品的空间效用。物流运输的主要方式有公路、铁路、水路、航空和管道等。

4. 配送功能

配送是指按照客户的要求，对货物进行配备，并将货物完好、按时送至客户指定地址的活动。配送是直接面向客户的最终端运输。配送的实质是送货，有时配送也结合分拣、配货等理货活动，而被看作配货和送货的有机结合形式。

5. 包装功能

为了使货物完好无损地运交至客户，物流人员需要对货物进行不同方式和不同程度的包装。常见的包装主要有两种：工业包装和商品包装。工业包装的目的是按单位分开货物，便于运输和保护在途货物；商品包装的目的是便于销售。

6. 流通加工功能

流通加工功能是指在物品从生产领域向消费领域流动的过程中，为了促进物品销售、维护物品质量和实现物流效率化，对物品进行一定的加工处理，使物品在物理或化学上发生一定变化的功能。

7. 信息管理功能

物流公共服务平台是以信息技术、通信技术和网络技术为中介，使物流信息得以共享和交换的平台，目的是有效整合各种物流信息资源，建成集成化的物流信息展示、查询平台和物流服务窗口，以及网上虚拟综合物流市场。

（四）物流成本及其控制

1. 物流成本的构成

物流成本是物流在流转环节中所消耗的人力、物力的货币表现。物流主要有仓储、运输、装卸、配送等环节，在这些环节中耗费的人力和物力的货币表现共同构成物流的成本。通常，企业将物流作业中实际发生的总费用归为企业的物流成本。

2. 物流成本的影响因素

（1）核算方法

物流成本的核算方法较多，目前并没有权威指定具体某一种。每种核算方法都有其特点及侧重点，即便是对相同条件下的物流成本进行核算，得到的数据也会有所差异，因此企业采用核算方法的不同会对物流成本产生一定影响。企业应依据发展实际采取适当的核算方法，以便将核算结果应用到企业管理中。

（2）货物自身特性

物流成本受到运送货物自身性质的影响。一般而言，货物的价值越高，相应的运输费用越多；货物的保管要求以及包装需求都会不同程度地增加运输费用；所占空间较大或需要多次搬运的货物也会增加物流费用；还有一些特殊货物，如需要冷藏的生鲜、鲜花及易碎货品等，所需物流成本也会更高。

（3）管理水平

企业的管理水平会影响物流成本。若企业能采取合理的核算方法，探索能有效降低成本的运输模式，及时发现并取消无效作业，优化物流作业环节，有可能实现降低物流成本。反之，不科学的管理方式，不仅会增加物流成本，而且会导致其他经营问题。管理水平的高低在很大程度上影响物流成本控制效果。

（4）客户服务质量

客户服务质量与物流成本的高低有直接关系。企业要在激烈的竞争中实现自身优势，需要高质量的产品以及易被客户接受的成交价，更重要的是提升自身的客户服务质量。从仓储情况来看，缩短订货周期会使库存成本下降，相应缺货成本也会提高，需要维持合理的库存水平才能实现库存成本的有效控制，从而降低物流总成本并保证较高的客户满意度。谨慎选择与货物特性相匹配的运输方式，有利于降低物流费用，加快物流作业，从而提高客户服务质量。

3. 物流成本控制的内容

物流成本控制通过优化企业运营流程、缩减中间环节、保证物流成本的支出来实现最佳盈利。物流成本控制的原则有"二律背反"、全面性原则等。"二律背反"指物流环节中发生的不合理情况，如规划好的最佳运输流程可能导致仓储成本上涨，或控制仓储成本而减少物流仓的数量可能导致延长运输距离、增多运输次数等情况，或简易包装材料可能造成产品运输中损坏率提高。因为类似背反情况的发生，对于单一环节的完善可能导致整体效益的降低，所以企业要协调各环节综合考虑。全面性原则指企业在进行物流成本控制时，除了对外发生的费用之外，还要关注内部发生的未明确列支的成本，做到更全面、有效。

4. 物流成本控制的基本方法

（1）综合评价法

物流各环节彼此联系并相互作用，企业完善成本控制要考虑整体效益，单一调整某一环节流程，可能导致运输损坏增加，总体物流成本不减反增。企业要综合考量物流整体流程，而不应只关注单一作业环节的成本降低。

（2）比较分析法

企业可对物流各环节成本支出进行对比，分析高支出环节，寻找合适方法降低费用；对物流成本的同期数据进行对比，分析波动较大的环节，分析波动原因，寻找可改进措施。

（3）排除法

物流活动包含商品采购、出入库、仓储、运输等直接影响物流支出的增值部分以及设备维护、人员配置等间接影响物流支出的非增值部分。企业可以通过减少非增值部分物流活动来实现物流支出的整体下降。

（4）责任划分

企业可将物流各作业环节责任划分到相应部门，如订货批次变化导致的运输成本上涨应由采购部门承担责任。企业应明确各部门责任，改善因某项环节作业未达预期而带来其他物流环节成本上涨的情况，减少成本浪费以及非增值物流支出。

（五）物流的发展趋势

1. 物流信息化

建立和完善公共物流信息平台是我国物流发展的突破口。公共物流信息平台能够为物流生产提供信息手段的支持和保障，应加强信息安全和隐私保护。钱慧敏等指出，随着网络安全问题的不断出现，如网络黑客入侵、病毒肆虐、信息泄露等，物流信息安全技术将越来越受到重视。有学者提出，现阶段需把互联网的精确度和覆盖度的提高作为重要任务，实现物流园区向供应链物流一体化转型升级。

2. 物流智能化

智能化的智慧物流已经成为一个必然发展趋势。张彤、桂德怀从我国智慧物流体系和人才供求情况角度分析提出，物流劳动成本攀升，需要通过运营智能化、自动化加快企业产品的转型升级，从而获得企业在成本上的竞争优势。潘教峰等提出从智能化交通方面改善新型基础设施。随着智能化技术不断成熟，智慧物流的智能水平将实现行业的全面性提升。

3. 物流绿色化

智慧物流让粗放型的国民经济转变成了集约型，支撑了人们高度消费化的生活发展，物流企业向绿色型、循环型转变已是大势所趋。绿色物流指在物流过程中降低物流对环境的污染，如对运输和配送工具的噪声、排放污染进行控制。谢若琪提出以"贯彻科技先导，推进绿色物流"的理念推行清洁能源汽车。有学者指出，物流业每年产生的包装垃圾和资源过剩导致了对环境的排放污染。

4. 物流国际化

随着我国对外开放的逐步扩大，越来越多的外国企业和国际资本"走进来"，国内物流"走出去"。这是推动国内物流业融入经济全球化和国际化的必然结果，表现为物流设施国际化、物流技术国际化、物流服务国际化。宋志刚等提出，在"一带一路"倡议下，实现基础设施互联互通，实现国内流通基础设施、流通运营和服务体系的标准与国际物流标准相统一，有助于我国开拓国际市场，为更好地融入经济全球化和国际化创造了有利条件。

5. 物流产品协同化

在物流全球化时代，制造业和服务业逐渐一体化，供应链开始协调化发展。

弓宪文等通过实证分析得出，服务业和物流业呈现协同化发展的趋势，并且经济比较好的地区物流业与服务业耦合协调度也比较好。唐建荣等指出，物流金融为我国物流产业带来了机遇，金融业与物流业的融合有助于优化供应链管理水平，解决企业融资难、融资贵等问题。

二、现代物流

（一）现代物流的内涵

现代社会中的物流活动主要通过集成化管理方式运行。物流企业综合利用现代化科学技术，对运输、仓储、装卸等环节实现统一控制，使物流成本有效降低，物流服务质量得到提升。从大量的学者研究结果可以发现，现代物流是把商品从一个地点转移到另外的地点作为主要的服务内容，以能够完成整个的物流过程，并且以最低的物流费用为原则。

和传统物流领域相比，现代物流的完善度更强。在原材料采购环节，供应商按照要求将原材料交付至客户指定的地点；此外，客户在生产加工阶段也会涉及物流运输及存储，并且需要保证对物流货物的附加要求能够准确得到控制。完善的物流体系可以更好地提供周密的服务，促进物流效率的提升，也能够产生比较高的经济效益。

因此，将传统物流和现代物流对比之后我们发现，传统物流只是提供了必要的后勤保障服务，现代物流则具备更高的深度和更大的广度。现代物流是一种战略性理念，其主要的目标是满足消费者的实际需要，同时从制造因素、运输因素以及销售因素等多个因素方面提高战略决策的深度与广度。

现代物流借助信息技术不仅推动了自身的发展，而且对全球的信息交流起到了积极的促进作用。现代物流在经营环节融合了现代的信息技术，通过供应链集成的方式更好地实现了运输和生产阶段的有效管理。企业可以根据经营发展的需要对从生产到销售的流程做出全面的控制，实现物流系统的信息化控制。现代物流的出现整合并优化了传统物流业务，通过借助信息技术手段，降低了多项成本，推动了经济发展。

（二）现代物流的特点

1. 系统化

现代物流强调物流体系是一个综合性和系统性的体系。现代物流体系的运营目标在于优化物流管理体系，降低物流运营管理成本，实现企业效益提升。系统化的管理思维使现代物流具有强大的竞争力。传统物流管理聚焦运输、传递以及配送等环节的成本缩小，往往忽略了各个环节之间具有相关性，即使每一个环节实现最小化成本也无法保障整体成本最小。现代物流管理将物流过程视为一个复杂的系统工程，重视厘清系统内部各个要素之间的关系，把握局部成本与总成本之间的联系，以协调共赢的思路进行成本优化，从而实现局部成本与总成本之间的协调。

2. 网络化

现代物流的格局在不断扩大，已经脱离了传统物流管理模式下单一且简单的物流发展模式。当今世界全球物流网络发展迅速，呈现国际化趋势与特点，这也是现代物流区别于传统物流的主要特征。由于时代发展的环境发生了巨大的变化，现代物流管理需要构建完善的物流网络化体系，将管理的视野拓宽，联合优质的供应商企业，加强信息共享与资源配置，强化物流网络化管理，以节点企业为核心，提升物流的综合效率。

3. 信息化

现代物流管理强调以信息化技术为载体，通过新兴的网络技术加强信息化与传统物流的跨界融合。信息技术是现代物流发展的关键技术，信息技术的不断发展与完善为物流信息的实时更新以及物流硬件的应用提供了一个良好的环境，是现代物流发展的重要基础。现代物流管理的本质是对信息的管理，管理者只有获取科学有效的物流数据，才能为现代物流的决策提供科学的依据。现代物流不仅包括物的流动，而且包括信息与资金的流动，任何一个环节的缺失都无法实现现代物流的科学管理。

4. 专业化

经济和技术的不断发展使社会中各个领域都被不断开发，先进技术不断被转化为技术成果和经济价值，且社会的分工水平不断提高。现代企业也逐渐认识到物流管理对于企业的重要性，通过将物流进行分离或者与第三方物流进行合作来提高企业的综合市场竞争力。物流服务因此成为企业的一个专业化的管理领域，不断增加的第三方物流（3PL）、第四方物流（4PL）企业体现了物流领域的专业化发展态势。现代物流的迅速成长已经成为物流业的一大体征。

5. 准时性和柔性化

现代物流管理追求的是高效率和强时效性，最大化降低物流管理成本，减少产品流通的环节，以最快的速度将货物送达顾客，这可以看作对准时性的要求。物流管理的柔性化主要涉及提高企业对于顾客需求的响应速度。网络技术的快速发展使消费者表达需求的途径不断增加，但也为企业实时响应顾客需求形成了难度。消费者需求的个性化不断增加，使物流需求也呈现个性化；现代物流管理应满足顾客的个性化物流需求，提高物流管理的弹性。现代物流管理的准时性和柔性化成为企业需要重点关注和聚焦的领域，也是企业需要集中优质资源和能力攻克的难题。

（三）现代物流业的作用

1. 促进经济社会发展

现代物流业涉及社会方方面面。现代物流业可以促进各领域内资源优化配置以及产业升级，支撑和保障国民经济发展。

从宏观角度来看，不管是国民经济还是区域经济都是对众多生产要素实行优化配置、规模化生产以及集聚，目的在于体现相应价值和实现系统集成。从微观角度来看，现代物流业是区域经济发展到一定阶段的产物，是经济发展的重要动力，能够为经济发展提供资源保障和支撑，并把区域经济各个环节整合起来，组成一个有机整体。在现代环境下，各类要素聚拢生产出来的产品，如果缺乏发达的物流运输网络来支撑，那么生产出来的产品很难顺利地进入市场，整个区域经济的正常运转也难以保障。

除此之外，现代物流业还起到了纽带作用，维系着区域内部门、产业和企业之间的联系。区域经济实现快速、高效发展的基础要素之一就是构建完善、高效、合理的现代化物流。

现代物流业发展水平同时也是考核综合国力的关键指标之一。现代物流业在国民经济发展过程中起着调节和支撑的作用，在推动经济转型方面发挥着巨大的作用，在整个国民经济发展过程中处于基础和关键枢纽的地位。现代物流业的形成有利于降低社会成本，提升国民经济运转效率和质量。一个国家物流业发展和运营情况评价标准，现在比较流行的是物流总成本占 GDP 的比值，物流产业越发达，该数值就越小。

2. 诱导裂变出新业态

从表层来看，现代物流业是根据资源产业化特征搭建成的复合产业，涉及多个领域，比如道路运输、管道运输以及衍生出来的包装业、邮政业、电信业等众多基础性和服务性领域。从运作原理上看，现代物流与三大产业紧密结合形成的半生性质聚合产业，把分散在诸多领域（如制造业、农业）的资源，利用相关服务进行了整合。现代物流的固有属性，致使其在社会化生产中，对一些生产要素（生产资料）和环节，比如运输、存储、集散、分拨、配送、信息传递等，合理配置到相对应的场所，以此来实现生产要素的自身价值。因此，我们可以将现代物流业看作三大产业深度融合形成的产业。

与此同时，现代物流业诱导裂变出一些新业态，如衍生出来的大数据、云计算、物联网、VR/AR 等先进技术在行业内不断应用，行业自动化及智能化水平持续提升，自动分拣、无人机、无人仓、无人车等一批"黑科技"得到应用。

（四）现代物流技术

1. 物联网

物联网是一种采取信息技术传感装置，通过计划协议，将所有目标对象接入互联网的技术，目标可借助信息传输渠道开展信息的互通，最终依托互联网达成对目标的监管、识别、跟踪、定位等功能。物联网的诞生意味着人们可以让物品借助不同的传感器接入互联网当中，实现对物品的智能化管理。因此，物联网可以帮助人们进一步实现与物理世界的信息融合。

如今，物联网网络的建设借助光学扫描仪、红外识别装置、货物识别设施、卫星定位体系等多种遥感设备，按一定的协议将物品连入互联网，并进一步加强对物品的识别、监控以及跟踪等管理。因此，物联网技术在现代物流业发展的过程中非常重要，并且是现代物流业主流技术之一。2018 年，国际权威调查机构 IDC（国际数据公司）和 SAP（德国软件公司）的一份调查报告推断，现代物流业通过采用物联网技术将使企业交付功能和整条供应链的能力提高 15% 以上。目前，许多行业内的专家、学者正在研究这些技术以改善现代物流系统以及物流供应链的水平。

第一章 绪 论

在未来的物流业中，物联网技术能做的还有很多。例如，物联网技术能够转变传统物流仓库的运营管理模式，修改工作流程，进一步实现降低配送过程中需要的成本；物联网未来还会在安全领域被广泛采用，如结合多种传感设备来多方位监控盗窃等事件的发生，保障客户和公司的财产安全；除此之外，物联网技术是支撑全自动化仓储体系建设的主要技术。总而言之，现代物流业的发展必然需要依托物联网技术的发展。

2. 区块链

区块链技术作为近些年新世纪发展起来的技术之一，同样势必成为在现代物流业中被广泛运用的核心物流业支撑技术。区块链技术是借助将数据存储在块链式的结构中，通过验证数据密钥后再进行存储的一种新式技术。区块链技术生成新数据链条的加密依靠分布式节点共识算法来完成，然后通过特殊的密码学方法进一步保障每一条数据链的安全，确保数据链条的数据不会被轻易窃取，同时通过脚本代码编制而成的新型合约技术达成自动编程以及数据操作。

自从区块链技术提出以来，它就被认为是具有颠覆性的新一代科学技术。区块链技术起初在金融领域被运用，其中最出名的就是比特币（中国禁止比特币在华进行交易）。区块链技术具有智能性、自动化、安全等方面的优点，使这项技术有着广阔的前景。

从外部来看，现代物流体系是由众多的参与成员组合而成的共同利益体系，而区块链技术则非常适合应用于现代物流业。比如，如果现代物流业中采用了区块链技术，则可以明显地提高快递类现代物流企业日常结算业务的处理速率，同时帮助客户在购买网络商品时实现追溯和防伪，进一步保障用户的隐私和物流信息的安全。从内部来看，区块链技术具有透明化和去中心化等特性，与物流的特征是非常相似的。在物流运输的过程中运用区块链技术，其产生信息记录后就不能再修改，并且任何的物流设备均可并入主干网络当中，从 5G 技术支持下的主干网络获取信息或者指令，因此物流产品运输的过程变得更加透明和高效。

在客户将货物寄出到收件人接收的物流全过程中，运用区块链技术首先可以记录每一个步骤，其次通过查询链条信息可以准确地定位物流运输过程中发生问题的地方，保障物流信息全程的可追溯，进一步避免快递丢包、误领等问题的出现。

未来，快递交接会用双方的密钥通过签名来完成交接，快递员以及快递点都配备对应的密钥，签收或交付信息在区块链中不可更改，如果用户最终没有收到自己的货品则在区块链上就没有用户个人用的密钥的记录。由于密钥的安全性，谁都无法伪造密钥签名，所以如果出现问题可以为客户投诉等提供依据。此外，现代物流企业还借助着区块链技术来控制货品向正确的方向流动，防止偷货、窜货的发生以及给客户在处理纠纷时提供证据，维护了各级网点经销商的利益。

3. 大数据与云计算

云计算是当今热门的一种商业模式，也是一种先进的计算模式。云计算的基础是大数据，与大数据密切相关。大数据算法主要是从海量数据中发现数据的潜在价值，挖掘潜在有用信息，使人们能更好地理解和把握信息。云计算则倾向于提供技术服务。在当今信息爆炸的环境下，由于体量大、类别多、价值密度低和处理速度需求快是大数据本身所具有的属性，原先陈旧的信息处理软件已经不具备能力去有效地对海量的物流信息进行提取、管理以及存储，也无法实现借助云计算能力进行数据挖掘的目标。

云计算技术依靠通信技术支撑，可以为用户和企业提供远超普通计算机的强大计算能力，为大数据的保存、分析和管理提供技术支撑，是当今大数据时代所需要的运算技术。随着时代的发展，数据的数量级日益庞大，重要性日益凸显，现代物流企业离不开大数据和云计算的服务支撑。

4. 人工智能

不同的物流场景有不同的特点，所需要的技术也不尽相同，因此人们应当根据实际的需求确定应用技术。下面针对一些典型的物流场景，阐述可能应用的人工智能技术。

（1）供应商管理智能化

供应商是生产加工型企业或电子商务企业的供货者。企业在采购、收货与质检、财务管理等方面应用信息技术，能够提高供应环节的效率，降低运行成本。

①智慧采购系统。企业可结合图像识别技术、大数据分析与深度学习技术，分析历史的采购信息并挖掘其中的深层逻辑，形成科学的采购决策，做到适量采购、适时采购，减少过多库存对资金成本的占用，避免过少库存面临的机会损失。

②智慧质检系统。图像识别技术的应用，可以迅速清点货物的种类和数量，若配合上无人机的应用，能够实现得更加迅速；专家系统的使用则可以高效地判断货物质量。这些人工智能技术的应用可以减少质检人员的数量，降低成本，而且可以采用对货物质量全面检查的模式，避免抽查模式可能出现的问题。

③智慧财务系统。图像识别与深度学习技术的结合，并且显著提升财务报表

的处理效率，减少出错率；大数据分析能够进行风险评估，避免一些潜在的财务风险。

（2）仓储管理智能化

仓储管理包括入库、存储和出库（拣货）等重要环节，涉及数量庞大的物流机器人、自动仓储设备、运输设备和人员，占用了企业的大量资金。将仓储管理智能化，能为物流业带来颠覆性的改变。

①智能存储设备。目前，在仓储环节应用的物流设备种类丰富，功能各异。如实用的堆垛机货架、高效的多层穿梭车系统、针对小料箱的高效存储设备MiniLoad等。在仓储设备的智能化运行方面，计算机视觉、深度神经网络、机器学习、自动控制等技术的应用，能够极大地提升存储设备的周转效率，提高设备的利用率。在仓储设备的科学规划和实施方面，大数据分析和专家系统等技术的应用，能够提升系统规划的效果。在仓储设备的维护和保养方面，采用基于设备数据的寿命预测技术，能够预先对设备的状态进行掌握，便于提前采取措施。冷库存储是存储行业的一个特殊领域，生鲜、药品等特殊商品对冷库存储的需求较大。人工智能技术打造的新型自动化冷库，通过大数据分析可将采购预测与仓储现状结合，自动控制技术可以针对冷库低温特点进行控制，智能终端可以控制仓储货架所用的穿梭车和堆垛机、搬运使用的叉车、码垛使用的码垛机器人等设备。

②智能分拣系统。智能分拣系统包括分拣过程中使用的运输设备如AGV、智能分拣车、传送带等，以及分拣过程中的信息流。路径规划、机器视觉等技术，将赋予运输设备更多的智能，使无人运输更加安全、高效。数据挖掘、大数据分析等技术，能够将拣选订单进行更合理的拆分与合并，并与仓储设备、运输设备和人员形成联动，实现更高效的订单拣选。

③智能盘库系统。库存盘点是一项耗费人力和物力的工作，并且不能直接产生经济效益，因此，降低盘库的成本、提升效率很有必要。计算机视觉、图像识别、无人机等技术，能够迅速地对货物种类和数量进行盘点，相比于人工盘点，效率更高，准确率也更高。

（3）运输管理智能化

运输管理主要包括运输设备管理和运输过程的信息管理。国内的运输方式主要有航空运输、铁路运输、公路运输和海路运输。其中公路运输灵活性高，货运量大，人工智能在其中能够发挥更大的作用。日趋成熟的自动驾驶技术将颠覆现有公路运输体系，使车辆更加高效行驶，减少人力依赖，极大地提升公路运输的效率。运输信息的管理内容繁杂，包括发车前的任务下达和路线规划、行驶中的信息跟踪和应急调度，以及到达目的地后的盘点、卸货和车辆状况检查等。

人工智能技术对于信息的处理比人类更加高效。如采用大数据分析能够为车辆的调度机制提供更加实时、可靠的方案；采用设备寿命管理能够系统性地监测车辆的状态，及时警报提醒，降低车辆故障发生率；大数据分析能够更好地监测冷链运输过程中的货物状态和司机行为，为保质保量的冷链运输提供更智能的监管。

（4）配送管理智能化

配送作为快递行业的"最后一公里"，面对的情况非常复杂：农村地区和城市地区的配送场景不同，不同大小城市的配送场景也不同，学校、商业区、住宅区的配送场景不同。采用智能配送设备和方案，能够提高快递服务业"最后一公里"的服务质量和服务效率。智慧快递驿站面对人群密集的场景能够发挥显著的效果。基于图像识别、数据分析的人工智能机器人能够辅助完成大部分的寄件和取件工作。同时，智慧快递驿站设置的智能广告系统能为社会提供一定的公益服务和商业服务。基于自动驾驶的配送设备（车辆及其他辅助工具）适用于住宅区或农村地区等需要配送人员大量变换位置的配送场景，可以减轻配送人员的工作强度，提高配送效率。

（5）客户管理智能化

客户的信息管理和维护、能否为客户提供个性化的服务，都直接影响着客户的使用体验和企业的服务质量。智慧订单系统立足于图像识别技术和大数据分析，能够更加高效地处理客户的订单，使信息更加实时、准确。基于大数据分析、知识积累和深度学习的智慧导购系统能够为客户提供更精确的信息，提升客户的购物质量。智能客服系统是基于语音识别、逻辑推理、语音生成的技术，能够为客户提供售前咨询、售中管理、售后维护等服务，能够做到24小时不间断地为客户提供个性化咨询服务，能够减少企业客服人员数量，降低客户服务成本。

（五）自动化物流工作原理及构成

自动化物流是依据物流需要，对需要进行流通的货物进行包装，并通过装卸工具运输到运输设备和仓库的一系列作业过程。整个过程受到控制系统的监控。自动化物流设备主要由储存单元、货物取放装置、输送装置、控制系统等架构组成。

1. 储存单元

储存单元也称为存储货位，是立体库存储的基本构成。存储货位一般由多层货架组成，配合物流托盘使用，用于物料的存放。一般高架物流库的设计都比较高，存储货位多。

2. 货物取放装置

巷道式货物存取装置也叫堆垛机，是高架库物流的重要组成部分。所有立体库的物流都需要堆垛机进行移入和移出。堆垛机拥有伸缩式货叉，货位利用货叉存入和取出。堆垛机能够在巷道里工作，后台通过X轴、Y轴、Z轴设置来控制移动从而完成货物的取放。堆垛机设置有手动操作和自动操作。在需要手动进行取放货时，由操作人员手动操作取放货任务。在自动操作的时候，堆垛机接受执行调度指令控制取放货任务。

3. 输送装置

输送装置安装在高架库外，用来配合高架库将物料送入或者取出。输送设备一般根据厂房、地点等实际情况进行增加或减少。水平方向的输送装置有气动集放输送机、排链输送机。垂直方向输送物料的设备有升降机、升降台。将物料转向的设备有旋转输送机，或者利用升降辊道输送机进行90°转向。高架库外围的输送装置根据使用场地的实际情况安装排布。

4. 控制系统

控制系统对高架库的所有设备进行组合控制，并利用调度管理以及数据信息管理来指挥原料物流运行，同时管理出入库、货位、托盘等信息。

自动化物流设备是自动化物流技术的底层架构。一方面，越来越多的企业运用了自动化物流技术，实现了人工成本的下降，提高了仓储的数字化水平，提高了仓储有效率。另一方面，物流的快速发展对自动化物流技术与设备是一个反向推动。自动化物流设备的先进程度越高，现代物流的水平相应就较高。自动化物流设备的改进直接反映了现代物流技术的进步。

工厂对效益有追求，而自动化物流设备能带来高效的产出。虽然前期投资巨大，但后期人力成本下降，再加上行业竞争加剧，这些因素都促使企业对自动化设备加大了采购力度。同时，企业的需求反向倒推自动化技术研究/设计在向更先进的方向发展。在此背景下，自动化物流设备出现了"四化"趋势，即连续化、大型化、高速化、电子化。

（六）现代物流管理

1. 现代物流管理的内容

（1）创造物品的空间效用

随着社会化大生产的到来，货物的生产、供应以及使用通常会在不同的地区完成，运输问题因此出现。创造物品的空间效用指的是通过合理化操作，使物品实现空间上的位移，目的是满足客户以及社会需求。

通常情况下，运输配送是实现物品空间位移的主要途径。在物流管理中，运输处于关键性地位，它体现在不同企业之间、城市内部之间以及城市与城市之间。配送属于运输范畴，是运输的特殊形式，指的是物品从配送中心一直到客户的空间转移。如果想要通过一种最优的途径将物品从生产地点运输到目的地，需要全面考虑经济、管理、运输方式、运输线路等因素。

（2）创造物品的时间效用

物品的生产过程与消费过程并不在同一时间完成，且消费者可以自由对产品做出选择，这些导致物品生产出来后通常不会立刻被全部消费，而且消费者也不可能一下子满足自己的所有需求，以上意味着物品生产与消费之间会有时差。为了保证生产与消费可以连续发生，解决物品生产与消费的时差问题，应该对物品进行储存。

物品储存的出现同时伴随着物品仓储管理工作的产生，如设置仓储设施、控制库存量及存储成本等。

（3）实现物品空间效用和时间效用的相关措施

物品的空间效用和时间效用的实现，不仅需要运输管理以及仓储管理，而且需要其他工作或措施来保障，主要包括以下四点。

①包装。实现物品的时间效用和空间效用离不开对物品的包装，它能减少物品在运输过程中的磨损。现代物流管理需要对包装样式、包装方法、包装材料以及包装公司的选择进行研究。

②装卸和搬运。物流无论是商品运输还是仓储，都离不开装卸和搬运活动。装卸和搬运管理主要针对运输方式的选择、配置工具的合理使用以及整个物流过程的合理化等问题展开研究。

③流通加工。在现代物流管理中，流通加工属于其中一项辅助性活动，目的是满足物流管理与客户要求。现代物流管理中的流通加工环节主要解决流通加工方法的选择、与流通加工相关的生产工艺、优化加工流程等问题。

④物流信息系统。只有建立起高效的物流信息系统，才能提高物流管理效率，而高效的物流信息系统必须满足能够提供、分析、处理以及反馈物流信息的要求。所以，现代物流管理需要对构建物流信息系统进行重点研究。

2. 现代物流管理的作用

（1）现代物流管理能够为企业生产经营活动提供良好的外部条件

企业要想不间断地从事生产经营活动，需要各方面的协调配合。企业需要根据市场需求均衡、持续地供应生产燃料、设备以及原材料，必须保证以上物品能够按质、按量、及时供应。同时，企业不能忽视产品的销售与推广。而在生产过程中，不同种类的物品、原材料等需要传送到不同的生产场所，完成不同的生产工序，生产出具有更高使用价值和价值的物品并运送到客户手中。由此可见，企业生产经营活动中的供应、生产以及销售等环节与物流活动之间存在密切联系，当某一环节出现问题时，企业可能无法正常从事经营活动。

（2）现代物流管理能够为企业保持竞争优势提供动力

从 20 世纪 70 年代起，以产品为导向的经营理念逐渐被企业抛弃，取而代之的是以市场为导向的经营理念，企业的经营目标也发生了很大转变，开始朝着为客户创造更多价值的方向发展。任何一家物流管理能力突出的企业都应该重视提升物流管理服务质量，这是企业保持竞争优势的重要方面。对一家企业来说，企业自身必须要有充足的库存，保证及时交货，不断提升周转效率，这样才能领先于同行业中的其他企业，才能保持良好的竞争优势。

（3）现代物流管理能够扩大企业利润空间

从 20 世纪 60 年代起，发达国家的很多企业都认识到控制生产成本以及提高劳动生产率对提高企业利润率的重要性，并千方百计地通过多种途径来降低成本消耗和提高劳动生产率，将其作为自身获取利润的源泉。然而，这两大因素尽管一度为企业带来了很大的利润，但都受到技术水平的限制。随着机械生产的自动化、标准化程度不断提高，再加上生产技术表现出越来越明显的趋同性，两大因素为企业带来的利润空间不断缩减。

20 世纪 80 年代，世界市场竞争更加激烈，很多企业开始将关注点由生产领域向非生产领域转移，无论是物品生产活动还是物品流通活动，都伴随着物流管理活动。所以，物流管理活动的合理化和高效化有助于提升物品生产和流通的效率，进而使企业获得更大的利润空间。由此可见，物流管理能扩展企业利润空间，有望成为新的利润增长点，也正是因为如此，它开始被理论界和实务界关注。

3. 强化现代物流管理质量的相关策略

（1）树立物流管理认知

企业应结合现代化的物流基础理念和供应链原则，吸取发达国家的物流管理经验，强化包括运输与仓储在内的企业物流管理，降低企业实际生产成本，促使经济效益得以提升，间接提升企业抗风险水平。从企业的长久发展来看，物流管理中心便是供应链运转的存货处，在有需求的情况下提供对应的物料，且物流和企业生产经营每一个环节息息相关，所以，物流高效管理是企业在市场中提升竞争力的主要举措。

（2）增加资金投入

当前我国物流业，具有基本仓储与运输设施的企业数量比较多，然而功能以及服务质量高且具备全国范围网络的大规模企业较少。各个物流管理企业要增加改革力度，引进联合与改组等形式，围绕市场的导向性，将资本视作运作纽带，增加物流服务的范围及相关领域，促使物流管理呈现组织化的发展趋势，向国际市场方向前进。

（3）促进物流管理信息化

在现代化物流思想的传播过程中，企业给予了物流管理足够的关注，带动了物流管理信息化发展。政府设置的鼓励机制也充当了物流管理现代化实现的媒介。在以 ERP（企业资源计划）为主的业务体系与物流信息体系的成熟过程中，诸多企业在积极出击，若想朝向经济一体化方向转变，企业还需要进一步设置物流管理运作体系，落实国家相关规定，形成信息类别编码以及信息技术标准化结合的物流技术体系，保证物流管理信息化建设，提高现代化企业物流管理的综合效率。

（4）依托物联网进行现代物流管理

建立物联网的最终目的是对物品进行智能化管理，通过标识物品属性和识别属性进行信息传递，巧妙地对物流信息进行在线监督，全面定位和追踪物品，提高管理工作的实效性。物联网运作存在一定的经济性，即便物联网管理的载体是信息，可是管理的对象是实物。对实物进行智能化管理应发挥物流网络的优势。而物流网络是一种基础设备，作用在物品流通期间的信息保存和运输的每一个环节中，以更好地进行物流管理规模化处理。若将物联网当作网络，可以理解为：物联网是业务与应用途径的表现形式；物联网以互联网为基础进行扩展；物联网依托信息网络衔接相关的物品，同时把智能化的操作命令传输给物品，具体的运作流程和物流网络紧密关联。

在依托物联网发展物流业时,需建设物流网络,包含基础设备网络、物流信息网络与物流组织网络等。基于技术结构,物联网体现出感知层、网络层与应用层等模块优势。感知层充当物联网的神经末梢,作用主要是物品信息识别与采集,由基础设备网络通过物流节点以及运输线路组成。物流信息网络一方面承担着物流信息传输的责任,同时和其他类型的企业加以信息交互,还和物联网的网络层互相匹配。应用层的本质是衔接物联网及用户,促使物联网应用体现智能化。物流组织网络充当物流企业和其他类型企业协调的有机平台。应用层给物品提供自主化的管理计划,势必要介入物流组织网络的多方工作,由此利用物联网对现代物流进行管理,有机融合物联网、互联网以及物流网络,共同达到物流智能化管理的目标。

(5)构建物流管理体系

①组织架构。企业在进行物流管理体系组织架构设计时,要明确自身经营管理模式,对现有的业务内容进行调整,重视垂直管理模式的应用,明确各个部门的职责,充分发挥出物流中心和信息中心的作用。企业要结合自身发展规律,打造完善的物流管理体系,维护企业的物流管理经营权和财产权,建立全新的集权和分权组织架构,有效提高物流管理的效率。此外,企业要进一步提高物流配送中心的服务水平,完善运营软件的功能,实现多个部门联动。

②物流数据化。企业在进行物流管理体系的构建时,要加强对物流数据化的优化,明确产品物流管理体系的核心内容;要充分发挥云计算、虚拟技术和分布式处理技术的优势,确保海量数据得到有效的存储。比如,企业应用 Oracle 物化视图技术就能对物流管理数据进行全面的存储和处理,并及时对数据进行查询和分析。此外,企业要加强对数据存储和虚拟表示查询结果平台的建设,其不仅可以及时保存相应的数据,而且能满足企业对物流数据物化视图的管理需求。目前,许多企业已经建立与物流管理体系相关的数据优化内容,确保企业做出合理的决策。

③业务流程。企业要重视对业务流程的优化,进行业务流程重组,从而保证物流运输线路得到有效的优化,提高物流配送的便捷性。企业可将业务流程分为三个阶段:由配送中心发挥出相应的监管职责,对产品进行装车扫码和登记;采用 GPS 对数据进行定位,由专业的物流平台负责监督和控制;对物流配送的到达进行监管,到达后配送员对条形码进行扫描,做好交接登记。

第三节 电子商务与现代物流的关系

一、物流配送是实现电子商务的重要环节

电子商务的重点是商务，即商品的交易，商品的交易是指货币的支付、商品所有权的转移、商品本身的转交以及商品相关信息的获取与应用。概括起来就是电子商务涉及资金流、商流、物流、信息流的流动。

资金流是指在商品交易过程中资金的转移，包括付款的交易方式。商流是指在交易过程中商品所有权的转移。信息流是指交易过程中商品的信息及技术提供和售后服务等。物流是指交易商品的实质性的运动过程，具体来讲这个过程包括物体的运输、仓储、包装、搬运、装卸、流通加工、配送以及相关的环节。在这四个部分中，资金流、商流、信息流可以通过计算机和电子网络设备进行处理。对于信息和部分服务来说，它们可以直接通过信息化网络的方式进行传输，而对于商品和部分服务来说，它们则要使用传统的物理运输方式。

我们可以把电子商务简化成一个等式：电子商务＝网上交易＋网上支付＋物流配送＋网络信息传递。一个完整的电子商务过程，一定包含了商流、资金流、物流、信息流的流动。从某种意义上来说，物流是电子商务的重要组成部分，也是商流、资金流和信息流的基石和载体。

二、现代物流是实现电子商务的有力保证

现代物流保证了电子商务的效率，使电子商务的范围扩大。电子商务的发展离不开现代物流的支持，现代物流是实现电子商务的有力保证。从电子商务完整的交易过程可知，电子商务如果失去现代物流，整个过程就无法正常进行。在电子商务背景下现代物流开始向集约化发展，大型的物流中心不仅提供仓储和送货服务，还涉及多种提高附加值的配货、配送、流通加工等服务项目，并且现代化的物流可以根据客户的需要进行个性化的定制。未来，物流业的发展将使产业分工更加细化，生产和销售更加专业化，大力提高整个社会的生产力，促进经济发展，成为国民经济发展的重要支柱。

三、电子商务将促进现代物流的发展

电子商务是利用网络信息化技术进行商业活动的形式，随着信息技术的持续发展，电子商务将得到更普遍的应用。电子商务可以为物流提供增值服务，促进物流需求发生新变化。这主要体现在电子商务时代下物流服务主体出现了种类繁多、批量小、批次多的物流需求，呈现多样化、轻、短、小的特点。

四、电子商务促进实现"以顾客为中心"理念的物流服务

在电子商务时代背景下，物流服务要让顾客满意，需要具有信息处理和传递系统，及时、准确地为顾客提供信息化的服务。在此背景下，加上经济全球化的趋势，物流业正在向现代化和信息化的方向发展。电子商务与物流一体化的模式可以提高物流效率和科学化管理水平，这是因为信息技术的普遍应用能够提供更多的客户需求和库存管理信息，使产品的运输更加方便、快捷。换言之，没有信息化的管理方式，就没有现代化的物流。电子商务是为了实现"以顾客为中心"的理念而发展起来的，如果缺少了现代化的信息管理技术，物流就无法为顾客带来便利。

第二章 我国电子商务与物流协同发展的契机与现状

伴随着网络技术的飞速发展，电子商务得到了迅速发展，而物流对电子商务发展的影响也日益重要，如何使二者协同发展，成为当前电子商务领域的重要课题。本章分为物流业发展历程和现状、电子商务与现代物流协同发展的契机、电子商务与现代物流协同发展的现状与形势、电子商务与现代物流协同发展的必要性与可能性四个部分，主要内容包括我国物流业发展现状、我国商业模式的转型与变革、电子商务与现代物流协同发展的现状以及电子商务与现代物流协同发展的必要性等。

第一节 物流业发展历程和现状

一、物流业的定义

产业是指在社会生产过程中生产同类产品且具有相同生产性质的经济活动的总和。一直以来，国内外对物流业没有达成统一的定义，但物流已经渗入人们生活的方方面面，与经济发展息息相关。总体来看，现有研究已经将物流业作为一个单独的业态进行研究。

最先对物流业做出解释的是美国物流协会，经过几十年的定义完善过程，美国物流协会对"物流业"提出了如下定义：物流业是以满足消费者需求为目标，保证社会生产和生活供给的由多种行业组成的综合服务业，它也是使产品在供应商与消费商之间运输的产业。我国在美国之后对"物流业"做了界定，认为物流业集合了分拣、仓储、运输和信息管理等活动，实现实际产品和附加产品在生产地与消费地之间的流通。

依据国内外学者对物流业的研究,本书认为:物流业是一种为生产和消费服务的多功能独立产业,物流业在经济环境中吸纳有利资源进行自我完善,获得发展;物流业保证社会生产和生活供给,调动多种资源,使产品在供应商与消费商之间高效运输;随着现代科技发展,物流业应用物联网、人工智能等技术实现数字化发展。

二、我国物流业发展历程

(一)筹备阶段(20世纪50年代—20世纪80年代)

在此阶段,物流的概念由日本传入中国,我国学术界对物流和物流理论开始进行研究。在这期间,物流的适用范围很广,主要是生产原材料的流通使用,物流活动主要是供应及营销公司、运输部队、零售店及仓库的货物运输。这一时期,我国只进行了物资运输、保管、打包、卸载等传统的保管和运输活动,并不是真正意义上的现代物流活动。

(二)起步阶段(20世纪90年代)

在此阶段,我国政府让整个国民经济的管理制度渐渐趋于完善。20世纪90年代初期,我国物流业十分落后。为了改变我国经济与物流业的现状,我国从20世纪90年代开始借鉴发达国家物流的成功经验,促进国内物流业迅速发展。1993年,顺丰速运公司成立,我国物流业进入缓慢的发展时期。为了促进物流业的发展,这段时间我国政府发布了许多与物流业有关的法规,对物流配送中心的发展设备提出了整体想法。在这段时期我国物流业取得了不错的成绩。

(三)发展阶段(2000年至今)

在这一阶段我国物流业取得了重要发展,我国政府推进物流政策环境改善以促进物流业的发展。2001年我国加入WTO后,许多外资企业进入中国,促进了中国物流业快速发展。同年我国物流采购联合会正式成立。此外,各地纷纷制定物流发展计划,物流园区、物流中心、配送中心广泛建立。我国物流业发展政策为物流业发展提供了良好的政策环境。2006年,我国在"第十一个五年计划"中提出了"物流产业的蓬勃发展"。政策文件的出台,为我国物流业的蓬勃发展奠定了坚实的基础。物流产业相关政策的持续改善、物流技术的持续创新,以及越来越完善的基础设施，使我国的物流产业投资持续增加，物流信息产业逐渐成熟。目前，物流产业已成为我国经济发展的重要支柱产业。

三、我国物流业发展现状

（一）物流业规模不断扩大

2003 至 2021 年，我国社会物流总额不断增加。2010 年全国社会物流总额突破了 100 万亿元。2020 年全国社会物流总额为 300.1 万亿元，同比增长 3.5%，与 2003 年的 29.5 万亿元相比，增长了将近 10.2 倍。可见，我国社会物流总额呈明显增长的趋势。

从增长率的情况来看，在 2008 年金融危机前后，社会物流总额增长率出现了明显的下降，中央银行实行宏观调控政策之后，这种下行的压力得到了缓解。在 2010 年我国经济进入新常态之后，物流业发展进入调整阶段，社会物流总额增速逐渐放缓，整体呈稳中有进的发展态势。同时，我国社会物流总额增长率与 GDP 增长率曲线走势大体相同，这表明两者之间存在一定的相关性。在社会物流总额中，工业品的物流所占的比重最大，而后依次是进口货物、农产品。

从社会物流总费用方面来看，近几年社会物流总费用呈缓慢增长的态势，增幅小于社会物流总额和 GDP 的增长率，社会物流总费用占 GDP 的比重也逐年下降，但与发达国家相比还存在着很大的差距。2020 年社会物流总费用为 14.9 万亿元，同比增长 2.0%。社会物流总费用与 GDP 的比率为 14.7%，与上年基本持平。从费用结构看，运输费用为 7.8 万亿元，增长 0.1%；保管费用为 5.1 万亿元，增长 3.9%；管理费用为 1.9 万亿元，增长 1.3%。可见我国在物流成本方面，还存在着费用居高不下、物流效率较低等问题。

从物流业增加值来看，2003 至 2020 年我国物流业增加值呈逐渐增长的态势，从 2003 年的 0.9 万亿元突破到了 2020 年的 2 500 万亿元。其中，2004 年突破 1 万亿元，2018 年突破 10 万亿元，相比 2003 年，2019 年增加值增长了 10 倍，增速迅猛。从同比增长率可以看出，2014 年物流业增加值增长幅度很大，达到了 82%，2016 年的同比增长率最低，为 3.9%。从物流业增加值占 GDP 的比重来看，2003 至 2013 年间，两者比例趋于稳定，保持在 6.5% 附近，2014 年之后，两者的比例大约在 11%。

（二）物流业基础设施不断完善

我国快递业务总量总体上呈逐年增加的趋势，2020年达到了833.6亿件，相比2003年的1.72亿件增长了近485倍，增势明显。与此同时，我国物流业基础设施也在不断完善，铁路、高速公路、内河航道、定期航班、管道输油（气）等基础设施的里程均呈增加的趋势。

截至2020年年底，铁路营业里程由2003年的7.3万公里上升到14.6万公里，高速公路里程由2003年的2.97万公里上升到16.10万公里。随着水运网络系统的建成，各等级、各水系内的内河航道里程明显增加。国家统计局数据显示，2020年全国内河航道里程为12.77万公里，较2019年增加0.04万公里。同时，沿海地区的港口整体水平也位于世界前列。定期航班航线里程出现了大幅度的提升，2003年定期航空航线里程为174.95万公里，到2020年年底，该数值为942.63万公里。

在快速发展的同时，物流业基础设施存在地区发展不平衡的问题，如沿海地区基础设施相对完善，内陆地区基础设施有待加强，水运、公路和航空未能有效衔接，多式联运有待提高。

（三）物流业就业不断增加

改革开放初期，物流业逐步发展，物流企业在原交通部的基础上改组而成，这也就导致物流企业没有竞争对手，呈现垄断态势，只是完成一些必备的职能，效率较低，但是当时的物流企业承担了国家层面的运输任务，是物流业后期快速发展的前提。随着改革开放的深入，我国的经济发展到了黄金时期，政府允许一些民营企业经营物流业，而民营企业都是特别注重效率和客户服务的，这使民营物流业迅速发展，抢占了国有物流企业的一些市场份额，让国有物流企业倍感压力。在改革开放的大环境下，国有物流企业不得不寻求市场化调整，进一步促进了物流业的成长。到最近几年，物流业有了外企的加入，竞争加剧。国企在行业内稳定占据一定份额，但是效率相对来说不太高，制约了企业的发展；民营企业的服务态度和效率意识较好，在行业内发展迅速，在改革开放过程中，迅速成长出了几个大型物流企业；而外企通常有先进技术，但是对国内本土物流市场情况不够了解，发展也受到了制约。最近几年互联网快速发展，我国物流业形成了顺丰、申通、韵达、京东等多家物流业巨头，竞争异常激烈。

从物流业发展初期到如今的行业竞争激烈，物流业提供的工作就业机会也呈现出跳跃式增加，已成为我国就业增长较快的行业之一。

（四）智慧物流不断深入推进

随着现代信息技术的广泛运用，融合了现代信息技术的"智慧物流"得到了发展，"互联网＋物流"应运而生，如"互联网＋智能仓储""互联网＋高效运输""互联网＋便捷配送"等。

"互联网＋智能仓储"改善了以往人工入库的局面，采用智能机器人代替原来的人工，不仅降低了大量的土地成本，而且降低了大量的劳动力成本。目前，智能仓储在快递、冷链、电子商务和医药等细分领域快速推进，最主要的应用领域是医药、汽车、烟草等自动化要求比较高的领域。例如，京东、顺丰等企业运用全自动仓储系统，通过智能机器人来进行分拣，提高了仓储作业的机械化、信息化水平。

在"互联网＋高效运输"方面，卡行天下、运满满等物流企业通过互联网平台搜集货运供需的信息，将分散的货运市场进行整合，为小微物流企业提供好的生存发展空间。近年来，运输模式由单一的车货匹配向无车承运模式转变，无车承运试点企业取得积极成效。

在"互联网＋便捷配送"方面，为了解决"最后一公里"的问题，涌现出了美团、饿了么等即时物流的企业，为人们的生活提供便捷服务。

总而言之，在智慧物流方面，自动识别技术、电子数据交换技术、货物实时跟踪、GPS等现代信息技术在菜鸟网络、易商、安能物流等大型物流企业得到了应用，实现了物流、信息流、商流的整合，为物流业转型提供了动力。

（五）物流业发展存在的问题

1. 现代物流发展的配套设施依然较为薄弱

总体来说，我国物流企业较分散，物流基础设施较薄弱。有的地方现代化仓储、城乡配送等设施总量不足、布局不合理，物流资源空间布局分散，缺乏有效衔接。尤其是综合枢纽场站、大型现代化仓储及转运设施不足，不能满足现代物流业迅速发展的需要。一些城市的市区道路狭窄，车流量很大，交通易拥堵，从而导致货物配送不及时，效率低。有的县（市）适应现代农业发展的冷链物流设施不成网络，缺乏具有预冷、贮藏、包装、加工和信息服务的产地集配中心，农产品物流"最先一公里"成为发展瓶颈。有的物流企业在基础设施建设方面起点不够高，规模不够大，仓储面积比较小，自动化程度有些低。此外，公路、铁路、航运、水运等交通运输方式，在多式联运方面目前还不能顺畅高效衔接。部分地市对与物流相关的配套基础设施建设缺乏重视，缺少整体统一规划，一些项目建设进度不够理想，特别是在枢纽型物流基地的建设方面。

2. 物流企业经营方式比较粗放

物流信息化是推动现代物流业高质量发展的核心。目前，我国物流公共信息平台统一性和协调性不足，统一的流程、协同、调度与共享机制有待完善，商流、物流、信息流、资金流合一的智慧物流体系有待完善。现有物流信息平台功能较为单一，物流公共信息开放不足，"信息孤岛""信息烟囱"现象存在。一些物流企业规模比较小、设备技术不先进、资源整合能力不强，承担不了先进物流技术高额成本，物流信息的收集、存储、维护和输出等系统建设跟不上物流业发展需要，这是制约物流业高效发展的重要因素之一。同时，物流业整体上跨行业、跨区域的资源整合能力欠缺，仓储、运输、采购、分销、生产、金融、信息技术服务等多业态联动作用较弱，具有高效协同能力的供应链服务体系尚未成熟，物流业全产业链运行效率偏低，与三产融合发展程度有待提高。此外，物流企业间缺乏高效协同合作机制，服务同质化现象严重，增值服务较为薄弱。物流人才缺乏，具有丰富专业知识的管理、营销人员非常紧缺，专门从事物流规划、分析的专业型人才在市场上尤其难找。

3. 物流联运体系衔接不够顺畅

降低物流成本是加快物流业高质量发展的一个重要方面。要降低物流成本就必须在信息技术平台建设的基础上发展多式联运。目前，我国多式联运的现状如下：一体化运输组织水平不高，跨行业标准规则、运输单据和运载装备不统一，多式联运信息服务平台建设仍处在起步阶段，企业信息资源互联共享水平较低。现行法律法规文件不健全。枢纽转运微循环系统不畅，路网干支衔接能力和转运分拨效率亟待提高。专业化多式联运枢纽场站及园区较少，集装箱、厢式半挂车、托盘等标准化运载单元和货运车辆占比偏低，多式联运主体数量较少、经营能力有限。市场环境不完善、法规标准不适应、先进技术应用滞后等问题较为突出。

4. 我国物流法律法规体系存在的一些问题

（1）物流法律法规体系尚需完善

物流法律的体系框架是已经存在并且较为完整的，但其框架内需要填充的物流相关法律不够充实，仍需要在发展中不断完善。造成物流法律法规体系不完善的原因主要有：一是物流活动涵盖面广，相关的法律法规散落在多个法律体系中；二是物流法律法规完善程度低于物流业发展程度，造成这个现象的原因主要是我国在改革开放后经济实力不断增强，社会地位得到提高，科技实力飞速提升，物流相关的设施设备更新换代速度极快。

（2）物流法律法规存在空白

由于物流法律法规更新速度低于物流发展速度，致使物流法律法规有时候对物流市场有序发展和运行不能起到良好的规范作用。例如，在物流业发展初期，多数物流从业人员只关心如何将货物快速运达，忽视了逆向物流和环保的重要性，相关法律法规也很少涉及。近几年逆向物流和绿色物流逐渐受到重视，但相关法律法规较多为地方政府制定的意见和条例，实施效果一般，没有起到很好的约束作用。

物流法律法规存在空白的原因主要有：一是法律法规自身原因。物流相关的法律法规本身就是用来约束和规范物流行为的，它们是顺应社会发展形势不断衍化和完善的，而且自新中国成立至今，在法律法规方面还有不少需要修缮的地方。二是法律法规制定方面的原因。法律法规在实行初期，企业需要对这些法律法规进行系统学习，如果法律法规更改发布的频率过快，就会影响法律法规的可信度和执行力度。

（3）物流立法层次相对较低

自2013年开始，我国社会物流总费用占GDP的比例连续几年保持下降。物流作为第三利润源，虽然成本还在逐年上升，但是对经济发展的带动作用不容小觑。然而大部分和物流相关的法律法规大多是地方性法规、条例和规章，这在一定程度上限制了物流行业的发展。

第二节　电子商务与现代物流协同发展的契机

一、我国商业模式的转型与变革

21世纪，互联网的广泛应用改变了传统的商业模式，给人们带来了新的消费途径，同时信息化技术也在一定程度上影响着人们的思维。从消费行为的本质含义来说，消费行为一方面指经济行为，另一方面指社会行为和文化行为。通过对比我们可以发现，新时期人们的消费行为发生了一定的改变，而这种改变打破了传统商业社会的商品供求模式。传统的商品供求模式以创造供给优势为导向而产生目标管理理念，而新时期的供求模式是基于产业价值链和资源整合的商业模式。这是一种全新的商业模式，打破了单一产业供求之间的束缚，具有平台化、网络化的特点，能够满足多层次消费者的消费需求，使市场得到科学合理的供需控制管理。这种全新的商业模式被称为"电子商务"，而物流业是实现电子商务的基础保障。根据《中国互联网络发展状况统计报告》中的调查数据，截至2021年6月，我国网民规模达10.11亿，较2020年12月增长2 175万，互联网普及率达71.6%，并且在2013年时我国的网络零售市场规模就已经远超美国，成为世界上最大的网络零售市场。通过数据我们不难发现，电子商务的应用扩大化为经济发展带来巨大契机。

二、电子商务与物流协同发展是必然趋势

物流业的发展为激烈的经济市场竞争创造了一定的发展空间。当前，竞争激烈的市场环境主要由企业经营管理能力的普遍增强及人们生活水平的提升所致。因此，企业不仅需要加强内部管理，形成程序化的价值链，创造出差异性价值以实现自身的经济效益和社会效益，而且需要和供应商、分销商等共同协作，满足客户的需求，实现合作利益，扩大市场竞争力，从而在竞争激烈的市场中占有一席之地。总而言之，新时期的市场竞争不再只是企业之间的相互竞争，更多体现为供应链之间的强强竞争，因此电子商务和物流协同发展是必然趋势。下面从两个方面进行深入分析。

（一）电子商务与物流业协同能够实现产业价值最大化

物流业的发展状况对现代生活而言至关重要，因为物流业不仅能创造出更多的时间价值，而且能创造出一定的服务价值和经济价值。物流主要涉及产品、信息和资金等要素的流通，在这一过程中需要仓储、流通加工、配送等环节的助力。供应链管理是物流的延伸和拓展，能够帮助企业对供应商、分销商等进行统一整体的管理。

电子商务的价值主要体现在产品流、资金流和信息流方面。产品流是指以在线交易平台订单为中心而展开的网络化商业活动。现金流是指资金的往来数量。做好信息流的监督和管理是为了实现预测、预判、预定这三个工作目标。电子商务既能够响应市场需求，又能够通过信息化技术对社会现状做出分析，挖掘用户的潜在消费规律，满足多层次客户的需求，实现均衡市场的作用。

电子商务与物流协同能够提升企业管理效率，推动行业整合，实现产业价值最大化。

（二）现代物流网络布局为电子商务高效运作提供技术支撑

电子商务是以供应链管理和物流配送为核心的活动，电子商务产品流管理是以需求信息和库存信息为载体的管理活动。在电子商务在线交易平台生成消费订单后，消费信息被下分至分销商。各地的物流仓储能够根据需求关键词而查询所需要的信息，并设计出最优的方案进行产品配送。总而言之，产品从订单的发布到配送既是一个复杂的过程又是一个流程化的工作，而信息数据分析和处理能力是保障工作顺利高效完成的关键。

第三节 电子商务与现代物流协同发展的现状与形势

一、电子商务与现代物流协同发展的现状

众所周知，物流公司的产品渠道是电子商务平台提供的，同时电子商务平台也掌握着商品供应等渠道，这造就了电子商务在企业产业链中占据重要地位。对比而言，物流企业的利润随着电子商务的发展出现了一定的压缩。因此，物流业

需要借助内外资源的整合优势，提升自身的综合能力和外部资源的获取能力。从当前的情况来看，电子商务和物流配送之间缺乏健全的信息交互机制，而信息的不对称会造成业务目标和管理任务不相符，久而久之问题便会凸显，具体表现为以下几个方面。

（一）电子商务与物流业不同步

电子商务的发展离不开物流业的发展，物流业的发展同样也受到电子商务发展的影响。实体物流运输是电子商务的一个重要环节。在电子商务交易过程中，除某些电子出版产品需要以电子方式交付给买方外，大多数产品必须通过实体物流运输才能在买家与卖家之间进行转移。而实际中电子商务与物流业的运作与发展是不同步的。

1. 物流业与电子商务的运行特点不同

电子商务可以每天 24 小时、每周 7 天不间断地为客户提供服务，并且服务时间可以以秒为单位进行计算。大部分情况下，网上商店提前几分钟和迟到几分钟都会接受订单，并且在特定时间段内接受订单并没有什么太大区别。这些网络便利，在不同程度上为电子商务的实施提供了保障。而对物流业来说，大多数物流公司只能在统一设定的时间内接受订单、转移和调度包裹，快递员很难或者根本不可能同时面对多个客户，在这种情况下，物流业公司只能逐时地按点交付。无论什么原因导致货物迟到，都会产生一系列连锁反应导致推迟，在给客户带来损失的同时也将给物流公司带来巨大的损失。

2. 物流业与电子商务发展速度不协调

随着社会物流需求的快速增长，经济发展越来越需要一个与之相匹配的物流体系。尽管物流企业在数量上有所增加，但在发展速度上仍然落后于电子商务的发展速度。近年来，由电子商务的系列活动引起的季节性爆仓非常频繁，在"双11"等节日期间，各种各样的网上商店销售火爆，但是物流在此期间经常是滞后的。

3. 地区间电子商务与物流发展水平不同

中国的不同地区有不同的优势。一些地区在科学技术方面更加开放，电子商务行业也相对便捷。通常在电子商务越发达的地区，物流业发展得越好。

（二）现代化服务体系没有形成

目前，在物流配送过程中，供应链缺乏科学的管理方针，使得新业务的发展出现了滞后现象，制约着物流业的发展。目前我国的物流业还没有真正进入制造业的供应链服务领域，而其中的电子商务配送、"三流合一"（产品流、资金流、信息流）业务也无法通过多种运输方式有效地融合在一起展开工作。因此，将服务的范围上延，建立一个安全、高效且成本费用合理的物流运输服务系统非常重要，但大部分的物流企业规模较小且实力不够，无法规模化、网格化地扩大服务范围。总而言之，现代化的物流和电子商务融合的运输服务系统还没有完全形成。

（三）缺乏沟通交流

电子商务是一个信息化的行业。它依赖于一定的平台来销售产品、获取资金并在行业中具有较大的贸易额。物流公司通过在平台上获取订单并配送而赚取利润。快递的交付过程较烦琐，到达目的地需要一定的时间。电子商务企业和快递物流公司的关注方向不同。如果双方都只注意自己的责任，但不关心对方的责任，当合作发展到一定程度时，就会出现一些问题。因此双方必须认识到沟通的重要性。

（四）物流产业智能化发展水平较低

我国的物流业起步较晚。当物流公司接到订单后，需要打印快递单，需要分拣快递，需要送货并通知客户。在这个过程中，物流公司需要依靠大量的人力、物力和财力来组织运送快递包裹。此外，在运输过程中还可能出现一些问题，比如快递在运输过程中丢失、发生车祸等。庞大的快递物流团队使得快递物流公司有时难以直接有效地管理员工，很容易发生一些难以预料的问题被客户投诉。然而目前，我国快递物流企业的智能化水平较低，不能依靠智能技术来解决这些投诉。电子商务企业在与物流企业合作时，如果快递物流企业得到较多的负面评价，那么与之合作的电子商务企业也会受到影响。

（五）物流产业地位亟须提高

我国物流业智能化水平较低，对从业人员的要求普遍不高，有时快递员会遭到社会歧视。同时，物流业已成为国民经济的支柱产业。在上述背景下，物流产业地位亟须提高。

（六）缺少专业人才

人才是实现电子商务与物流发展的关键。因为，电子商务的物流人才不仅需要了解物流相关方面的知识，还需要具备电子商务、运营管理等方面的知识与技能。但是，从目前的情况来看，大多数技术人员对这些方面无法进行全面的整合。尽管有大专院校开设相关专业，但由于电子商务受环境以及操作设施的影响较大，于是一些电子商务物流人才选择了出国发展，致使出现了人才流失的局面。

二、电子商务与现代物流协同发展的形势

（一）发展规模迅速扩大

近些年，电子商务发展规模扩大。国家统计局数据显示，2021年，全国网上零售额达13.1万亿元，同比增长14.1%。其中，实物商品网上零售额达10.8万亿元，同比增长12.0%，占社会消费品零售总额的比重为24.5%。2022年全国网上零售额13.79万亿元，同比增长4%。其中，实物商品网上零售额11.96万亿元，同比增长6.2%，占社会消费品零售总额的比重为27.2%。总体来看，电子商务引发的物流仓储和配送需求呈现高速增长的态势。

（二）服务能力不断提升

多种物流组织模式加快发展。服务空间分布上有同城、异地、全国、跨境等多种类型，服务时限上有限时达、当日递、次晨达、次日递等，服务方式上可提供预约送货、网订店取、网订店送、智能柜自提、代收货款、上门退换货等多种选择。

（三）信息技术广泛应用

企业信息化、集成化和智能化发展步伐加快。条形码技术、无线射频识别技术、自动分拣技术、可视化及货物跟踪系统、传感技术、全球定位系统、地理信息系统、电子数据交换方式、移动支付技术等得到广泛应用，提升了行业服务效率和准确性。

第四节　电子商务与现代物流协同发展的必要性与可能性

一、电子商务与现代物流协同发展的必要性

（一）物流发展落后于电子商务发展

我国电子商务出现在20世纪90年代中期，20多年间，在信息化工程、互联网技术以及大数据技术的不断推动下，电子商务在我国得到迅猛发展，电子商务平台的交易量一度跃居全球首位。当前，电子商务在我国已经形成了淘宝网、京东、拼多多、唯品会、当当网等平台群雄并起的竞争局面。2019年，淘宝网全年成交额突破4亿元大关，仅在"双11"当天成交额就达到了2 600多亿元，刷新了2018年创下的纪录；电子商务巨头拼多多成立5年来，累计用户量接近6亿，用户年均消费1 700多元。

电子商务的蓬勃发展，给物流业带来了巨大的压力，物流服务水平的"短板效应"也渐渐显现出来。在"双11""双12""618"等活动期间以及此后的很长一段时间里，物流渠道都会变得拥堵，物流量明显激增，甚至会导致物流派送系统的瘫痪，"爆仓"问题严重。同时，由于管理上的混乱，一些物流工作人员因工作量大等原因，容易出现暴力分拣的现象，再加上一些物流公司并没有做好终端的管理，导致货物检查不严格而出现丢失的现象。

（二）物流服务制约电子商务平台的拓展

电子商务平台的发展主要取决于商品的输入和输出系统是否完善。商品的输入系统指的是所售商品的来源、补给及库存系统；商品的输出系统指的是商品的销售、运输及退换货系统。

在经济全球化的影响下，我国与其他国家和地区的商业联系越来越紧密，商品及原材料的补给相对比较充足，但是由于地域化、消费观念、时间差等主客观因素的影响，物流业现已制约了电子商务的发展，主要表现在以下方面：我国部分地区的基础设施相对落后，道路损坏较为严重，大型物流集散中心偏少；智能

化、专业化的设备普及不到位，商品的分拣还沿用传统的人工分拣模式；对危险品的存储、运输把控不严格；一些员工没有经过系统的培训，素质和专业化程度不够，导致遗漏、丢失件的问题突出等。而这些就是限制物流业发展的主要因素，更是整个电子商务系统的"软肋"。

事实证明，创新物流业的管理模式和理念，提高物流从业人员的专业素养，加大专业化、现代化的设备投入，不仅能强化物流与电子商务之间的关系，而且能推动电子商务系统稳定发展。

（三）物流现状阻碍电子商务活动的顺畅推进

在电子商务活动中，沟通买家和卖家的一个重要桥梁是物流——物流不仅是完成商品交易的运输者和服务者，而且是商品信息流的输入者和反馈者。面对商品数量的激增，迫于来自多方的压力，物流业的工作重点都放在了商品的配送上，甚至一些物流企业认为自己的本职工作就是为了将商品安全送到用户手中，缺乏对商品信息的收集和利用，导致上游企业掌握信息不足，严重阻碍后续的商业活动推广。

跟传统的商业模式相比，电子商务的关注重点是与消费者之间的沟通以及消费者的购买体验——在信息化、碎片化的时代，很多消费者进行网购并不看重物品，而仅仅是为了获得购买的体验感。商品的交易从沟通交流开始，并以沟通交流结束，通过沟通交流，买家可以获取商品的基本信息，商家则可以收集到用户的信息并得到买家中肯的评价，而这一切必须以良好的物流服务为基础。但是，在当前一些地区，物流并没有发挥出纽带的作用，经常会出现物流配送的滞后或者订单与货物不相符的现象，导致商家维系用户的成本增加。

（四）电子商务与物流的产业价值链相似

在电子商务当中的产品流，主要是基于网络交易方式形成订单需求，并以仓储信息为基础，以此进行相应的物流配送，这构成了一套完整的商务活动。在信息流的管理过程中，需要对市场的时间需求进行积极响应，并充分地利用大数据技术以及多种类型的信息技术，进行市场内在需求的深入挖掘，这样可以保障供需关系达到一定的平衡。在现金流的管理过程中，通常将交易平台作为主要的中心。而在未来的发展中，可利用产品流绩效管理的提升方式进行资本的合理运作。综上所述，对于物流产业的发展而言，涉及了产品流、信息流以及资金流，因此与电子商务有着重要的基础相似要素。图 2-1 所示为网络交易流程图。

```
客户在线下单 ──────────────→ 商家接受订单
                                    │
                                    ↓
          在线担保支付 ←──────────────
                │
                ↓
          平台暂时托管 ──────→ 商家发货
                                    │
          客户确认收货 ←──────────────
                │
                ↓
          客户通知收款 ──→ 平台付款 ──→ 商家收到货款
```

图 2-1　网络交易流程图

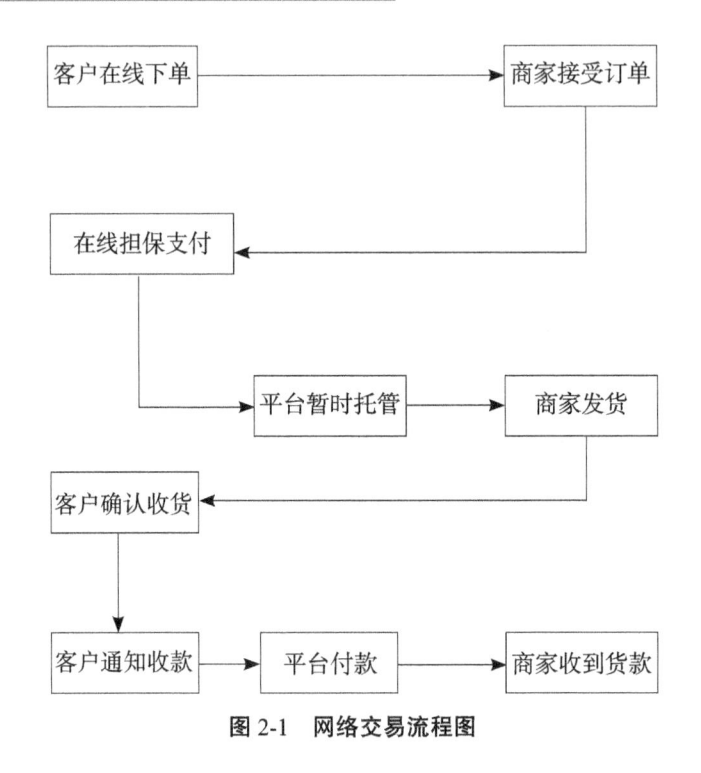

（五）电子商务的信息管理需要物流体系的配套

电子商务在发展的过程中，往往在网络化、信息化以及产业价值链上，需要各种服务商与供应商参与，并全部由信息技术来进行信息的共享以及传递。换言之，电子商务的开展，仅仅需要利用构建出的网络平台，基于消费者的实际需求，将涉及的上下游产业进行联通，以此形成生产、供应、配送的资源整合。可以说，当下的网络平台，更多的是一种网络化的内在联系。在这样的背景下，电子商务的配送流程，往往呈现较高的灵活性。电子商务由于有着较高的信息管理优势，使得在当下的发展中，可以很好地与物流业进行配合，以此构建出消费者的信息资源库，进而在营销以及管理工作开展中获取到可靠的信息内容。

（六）物流业在网络布局上的优势性

电子商务主要由供应链管理与物流配送所构成，因此当下的电子商务产品流的管理工作，往往要严格基于消费者的实际需求以及库存信息来进行协同管理与操作。在电子商务平台上的交易信息生成之后，系统会将信息快速地传递到不同的环节，并针对消费者的实际需求进行本地库存查询，同时将其结果反馈到数据中心。在整个信息中心的操作中，可以进行节点库存、配送地点以及条件等诸多信息的查询以及确定。因此，为了保障整个交易流程的完整性，应积极地发挥物流业的优势性，使其与电子商务平台协同发展，保障构建出的信息中心可以具备较为强大的数据分析能力。

二、电子商务与现代物流协同发展的可能性

电子商务与现代物流协同发展是信息化商务平台的要求。在电子商务模式下，现代物流的运作是以信息为中心的，信息不仅决定了现代物流的运动方向，而且决定着现代物流的运作方式。在实际运作过程中，通过网络上的信息传递，人们可以有效地实现对物流的控制，实现物流的合理化发展。电子商务高效率和国际性的特点，要求现代物流也必须达到这一目标。

同时，电子商务为现代物流功能集成化、服务系列化提供了运作空间。在电子商务模式下，现代物流企业可充分利用互联网的巨大优势建立信息系统和网络平台，开展商品物流跟踪、客户响应、信息处理和传递，提供更加完善的配送和售后服务。现代物流企业应该认识到，电子商务与现代物流网上网下尽早合作可共创双赢模式。

第三章　电子商务环境下的现代物流模式

电子商务已成为21世纪的主流商务模式，它打破了传统贸易形式的时间和空间限制，使企业与消费者、合作伙伴及供应商之间的沟通和交流得到极大增强，加速了全球经济一体化的进程。随着电子商务的进一步推广与应用，物流的重要性对电子商务活动的影响日益明显，特别是在电子商务交易活动中，物流是直接服务于顾客的，物流服务水平的高低很大程度上决定了顾客的满意度，同时也决定了电子商务能否成功实现。因此，对电子商务环境下的现代物流模式进行研究十分必要。本章主要分为电子商务下的物流模式概述、电子商务下的第三方物流、电子商务下的新型物流三个部分，主要内容包括物流模式分类、第三方物流以及绿色物流等。

第一节　电子商务下的物流模式概述

一、物流模式分类

（一）自营物流模式

1. 自营物流模式的概念

自营物流模式指的是企业自主完成一系列的物流活动，自己构造管理模式，经营物流活动。这一模式因其对企业供应和营销一体化的贡献以及相对较高的系统化程度而受到高度评价。美中不足的是，自营物流企业需要在投资规模上花费更多资金，并且对于一些物流规模较小的企业来说，物流的成本与费用的升高会变为企业的负担。综观市场可以得出结论，采用自营物流模式的只有具有一定市场代表性的连锁企业或者集团公司。有代表性的企业由于有一定的优势，它们通过组建独立的物流系统来完成自己企业的相关业务，其中包含了内部各厂、店的物流业务以及公司客户的相关业务等。

2. 自营物流服务流程

不论是电子商务企业还是电子商务企业的自营物流都隶属于服务行业。自营物流电子商务企业的核心业务是线上销售，并利用自营物流为消费者提供高质量物流服务。自营物流不仅包含物流基本过程，如仓储、运输及配送等，还包含电子商务平台、企业、物流部门、物流信息中心及消费者之间的信息流，从而形成自营物流服务流程，如图3-1所示。

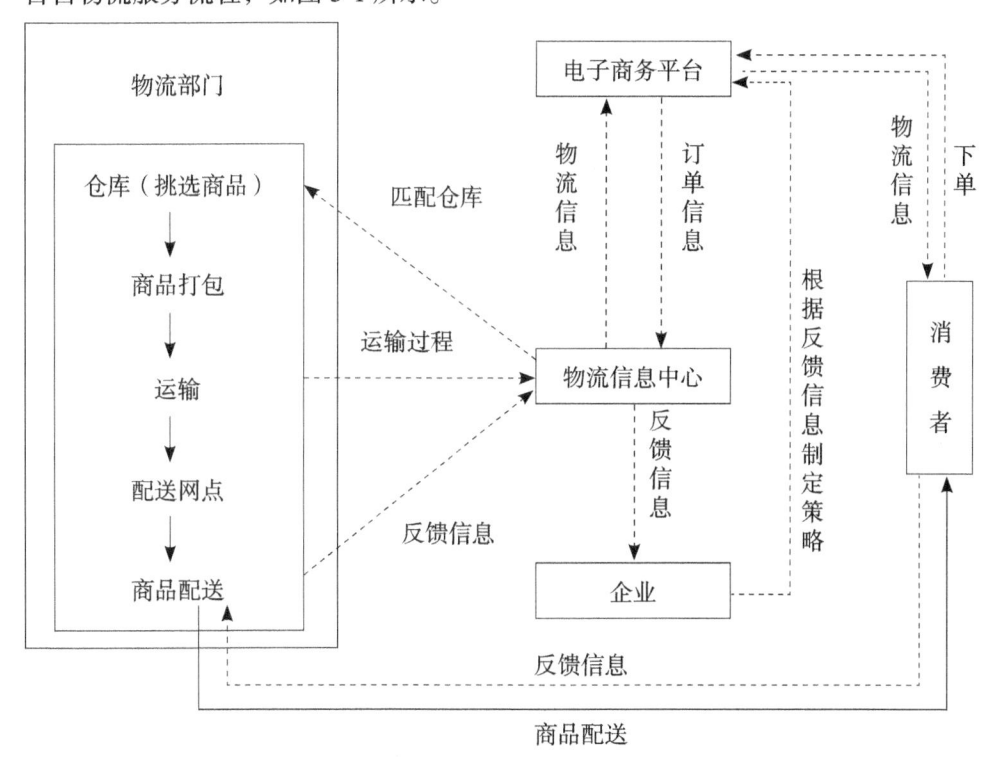

图 3-1 自营物流服务流程

在自营物流服务过程中，消费者根据自身需求在电子商务平台浏览、挑选商品、确定所购商品，随后确定订单并付款。电子商务平台将根据订单形成订单号，并将订单信息发送至物流信息中心，由物流信息中心根据订单地址自动匹配最近仓库，随后由物流部门根据订单从仓库中挑选商品并统一打包后，运输配送到消费者手中。与此同时,物流部门将商品分拣、打包及运输的每一过程均及时反馈给物流信息中心,物流信息中心再传输给电子商务平台,供消费者自行查阅订单物流信息。另外,自营物流的配送人员在将商品配送给消费者的过程中可收集消费者反馈信息,如产品和服务满意度等,随后反馈给物流信息中心,再由物流信息中心总结反馈给企业,企业根据消费者反馈信息为电子商务平台制定新策略以提升消费者满意度。

3. 自营物流配送模式的优点

（1）优化管理流程

自营物流配送模式不同于第三方物流配送模式,对企业内部流程优化和调整更有效。电子商务企业的资金流和信息流可以在自营物流的基础上结合得更加紧密并提高整体的运营效率。

（2）保证信息安全

自营送货上门模式可以保证企业自己的信息安全,防止信息泄露而造成损失。

（3）服务态度好

企业会对自己的物流配送人员进行培训并制定一些奖惩措施,通常情况下企业自己的物流配送人员会以良好的态度和适当的行为举止与消费者进行交流,这会提升消费者对整个购物过程的满意度,有利于企业在消费者心中树立良好的形象。

（4）有利于服务升级

自营物流体系主要由企业自己的部门组成,所以它能和其他部门密切配合,一切以本企业的目标为核心目标,灵活地满足消费者对服务的个性化要求。

4. 自营物流配送模式的缺点

（1）一次性投资较大

企业自营物流配送模式需要企业有很强的财务能力来建立起庞大的物流体系,这不仅需要投入巨大财力还需要投入巨大的人力和物力,对企业来讲投资大、周期长,对于资金有限的企业会形成较大的运营压力。

（2）难以形成规模效应

企业自建物流配送体系只服务于本企业,由于企业自身业务量影响,自营物流前期难以形成规模效应。这有可能导致物流成本上升,还可能导致企业在终端的竞争力下降。另外，企业建设物流体系需要周期，这会给高速发展的业务带来配送范围及区域受限制的风险。

（3）管理要求高

自营物流的管理要求较高，尤其是生鲜农产品物流配送，对物流运输团队和操作标准要求都较高。例如，如何规划配送路线，减少重复配送路线，是否拥有专业的冷链运输设备，这都需要企业自己安排。由于一些生鲜企业对物流管理的认识不足，导致自营物流体系的运营效率没有体现出来。

（4）容易进行二次配送

自营送货上门模式可能因为送货人员和收货人员的时间差问题导致互相错过，而首次配送没有成功就需要进行二次配送。二次配送不仅是对资源的浪费，而且会使消费者的购物体验下降。对于配送人员来说，带着未配送成功的货物前往下一个配送点也会造成不便，同时反复的运输过程有可能对产品造成损坏并影响其新鲜程度。

（二）第三方物流模式

第三方物流模式是指企业将货物的空间转移职能交由第三方物流公司，由第三方物流公司承担货物运输、仓储、分拣、派送等任务，从而节约成本和人力资源。这使非物流企业有更多的资金和精力投入自身产品经营当中，也可以使顾客服务变得灵活多样，使顾客体验到更好的服务，从而创造更高的服务价值。第三方物流企业有着占据优势地位的信息网络资源，这种强大的信息网络可以提高订单的处理效率，将反馈客户需求所用的时间缩短，进行点对点的直接到户的配送，从而提升顾客满意度。对非物流企业来说，虽然第三方物流能够提供很大的便利，但也有一定的不利因素存在。如物流服务的控制力将会降低；在物流运输的过程中，安全性和及时性较难得到保证；服务质量不高就可能导致非物流企业无法与客户维护良好关系，从而需要增加售后服务的人员和力量，进而浪费大量人力资源。

以淘宝网为例。买家下单后，卖家根据订单要求将货物打包，通过电话、网络下单、打印快递单等方式与第三方物流公司形成物流合约。快递人员上门取货，将取到的快件包裹送至区域站点，等待运输车辆将取得的货物运往快递公司所属的区域集货网点。货物到达区域集货网点后会被再次整理，进而被运往货物目的地所在的区域物流中心。分发货仓库对货物进行扫描后再次分拨，对货物进行整理以便到达相应的配送区域。根据购买的服务选择运输形态是空运还是陆运。在装车或装机前依据收货地址再次进行分装，在分装分拨后，通过整车或整机发出的形式将货物运走，发送至买方所在的物流集散中心。抵达后货物经再次分拣，运往买方所在快递点进行派送，最后由买家验货签收。

（三）物流联盟模式

1. 物流联盟的内涵

当前学术界对"物流联盟"的定义并没有达成统一认识，众多专家、学者从不同的研究背景和角度出发对"物流联盟"给出了不同的定义。

根据组织生态学理论，物流联盟被定义为可以迅速有效集成资源的，基于物流领域特定任务产生的，并通过联盟文化联系联盟成员从而实现协同创新的虚拟物流生态关系。

从网络组织的角度出发，物流联盟是物流企业与其资源互补型企业之间以共同完成物流任务为目标，合作形成的一种物流机能与资源的专业化联合。

根据战略联盟理论，物流联盟可以被定义为以物流业务合作为基础构建的企业战略联盟。它是指两个及两个以上企业之间为实现各自的战略目标，通过协议的方式整合资源而结成的具有优势互补、风险共担、利益共享等特点的松散型网络组织。

从供应链管理角度出发，物流联盟是供应链管理的一种创新模式。它是物流企业为获得供应链上的整体竞争优势，通过控制资金流、物流、信息流整合上下游企业所形成的一个统一的、无缝化程度较高的功能网络链条。

在"互联网+"的背景下，物流联盟是物流企业为实现自己的经济目标，基于云计算、物联网、大数据、智能终端设备等技术，通过共享信息与整合资源组建的物流企业协同合作联盟。

上述对物流联盟的定义虽然各有侧重，但都共同反映出了以下几个特点：物流联盟是在物流企业间建立的具有联盟性质的网络组织，以物流业务为基础，其组建的目的是实现企业间共同的目标。

2. 物流联盟的类型

物流联盟根据企业所处供应链位置、组织管理模式、成员涉及的股权安排、主导企业性质等可以划分为多种类型。

（1）按照供应链位置划分

根据企业在供应链中所处位置可以将物流联盟分为横向一体化联盟、纵向一体化联盟、混合型联盟三类。横向一体化联盟是指由在供应链中处于平行位置的企业之间结成的联盟。纵向一体化联盟是指由在供应链中处于上下游位置的企业之间结成的联盟。混合型联盟是一种相对复杂的物流联盟类型，这种类型同时包含了平行位置企业间的横向一体化联盟及上下游企业间的纵向一体化联盟。上海通用汽车有限公司采用的 Milkrun 模式就是混合模式的典型代表。Milkrun 模式的运行需要有与之相适应的物流联盟模式支持。在上海通用汽车有限公司主导的物流联盟中，联盟成员除上海通用汽车有限公司本身外，还包括物流策划商、物流供货商和承运商等角色。上海通用汽车有限公司将物流任务外包给物流策划商，由策划商担任领导者角色负责沟通供货商、承运商与配送商，实现了物流环节的闭环。

（2）按照组织管理模式划分

根据物流联盟组织管理模式的不同可以将物流联盟划分为盟主式、联合式、联邦式三类。盟主式物流联盟由一个盟主企业及多个成员企业共同组成。盟主企业是物流联盟的核心，负责组建、管理联盟和协调成员企业间的关系，通常对联盟及其他成员具有重大影响。联合式联盟由多个处于平等地位的成员企业构建，成员企业相互独立，没有类似盟主式联盟的主从关系。联盟成员共同制定联盟运作规则并完成物流任务，通过协商解决成员矛盾。联邦式联盟建立在联合式联盟的基础之上。联邦式联盟设有专门的管理机构，该管理机构是联盟的最高权力机构，由成员企业共同派出人员组成，负责管理整个联盟。

（3）按照成员涉及的股权安排划分

物流联盟根据成员涉及的股权安排不同可以分为契约式联盟和股权式联盟。契约式联盟的成员企业通过合同、协议相连接，成员间是平等合作关系。股权式联盟由成员企业作为股东共同创立，一般具有独立的法人资格，受公司章程及相关协议、法律法规约束。相较于股权式联盟，契约式联盟更加能凸显物流联盟的实质。契约式联盟仅受合同约束，成员间地位平等，经营上相互独立，业务上相互依赖，联盟成员间是合作关系。股权式联盟因成员的出资比例不同，股权大小有区别，导致成员对联盟经营及业务的发言权有区别，成员间虽为合作关系，但在联盟内部实际上并不是完全平等的。

（4）按照主导企业性质划分

根据主导企业性质的不同，物流联盟可以分为以制造企业为主导构建的物流联盟、以商业企业为主导构建的物流联盟和以专业物流公司为主导构建的物流联盟三种模式。以制造企业为主导构建的物流联盟，由核心制造企业、供应商、承运商及物流策划商等几类企业共同构成。供应商、承运商、物流策划商一般由核心制造企业挑选确定，并直接与核心制造企业签订合作协议，联盟其他成员之间可能不存在合同关系。以商业企业为主导构建的物流联盟，其成员构成与以制造企业为主导构建的物流联盟类似，两者的区别主要是物流任务的不同。以专业物流公司为主导构建的物流联盟，与前述两种物流联盟的主要区别在于物流任务的来源。前述两种物流联盟的物流任务来自联盟内部企业，联盟内部成员之间可以实现物流环节的闭环，而以专业物流公司为主导构建的物流联盟的物流任务来自联盟外部企业。

（5）按照资源组合方式划分

根据联盟成员所拥有的资源和提供服务的情况，可以将物流联盟划分为资源互补型联盟和资源相似型联盟两类。资源互补型联盟的成员具有不同的核心能力，这些企业结成联盟有助于实现资源的优势互补。资源互补要求成员间的资源可以相互兼容，但这并不代表资源一定具有多样性。即使成员间所拥有的资源都是技术，也可以因为技术的性质不同而构成资源互补。资源相似型联盟的成员因其拥有相似的资源或提供类似的服务，在生产经营中成员间本身具有竞争关系，结成联盟后竞争关系转化为合作关系。资源相似型联盟有利于成员间实现协同创新，获得规模经济效益。

3. 物流联盟配送模式的优点

（1）降低环境污染

物流联盟配送可以降低环境污染。货车的运输会消耗大量的能源，产生空气污染物，对环境造成一定的危害，影响人们的健康。共同配送则可以减少车辆的使用，降低能源消耗，减少环境污染，有利于实现物流健康发展和环境保护。

（2）降低物流成本

物流体系的构建需要巨大的资金投入，物流联盟由于由多个企业共同承担，因此可以大大降低企业前期的资金投入，降低资金风险。此外，物流联盟通过资源整合共享实现了规模效益，对于配送企业而言，将多家货物集中，实现化散为整，可以降低货车的空载率，进而降低物流成本。

（3）提升物流服务水平

由多个企业共同组成的物流联盟资金雄厚，不仅可以引进先进的设备，而且会有足够的财力、人力投入专业人才培养，进而提高物流体系的管理运作能力，提高员工素质和服务水平，提升顾客满意度。此外，多个企业合作，有助于物流配送更加专业化。

（4）扩大覆盖范围

物流联盟中的企业通常并不集中于一个区域，而是分散开的。在物流联盟配送模式下，各企业之间可以实现优势互补，扩大配送的总覆盖范围。

4. 物流联盟配送模式的缺点

（1）联盟管理难度大

物流联盟需要联合多个企业，由于各个企业管理机制不同，会造成很大的管理困难，也很难使每个企业达到利益最大化。

（2）控制权竞争激烈

物流联盟由多个企业共同组成，那么谁来控制这个联盟就可能成为困扰合作的问题，因为这决定着未来的利益分配。物流联盟建立初期，可能会按照出资情况进行重要程度分布，但是随着联盟的发展，极可能会有企业想要争夺控制权，从而使联盟出现不正当竞争关系。

（3）合作关系稳定性差

联盟的成立是为了联盟中的成员能够优势互补，各自发挥所长，所以每个企业在联盟中都有分工，共同合作使联盟持续发展。一旦出现某一个企业退出的情况，就可能使系统运行出问题，最终导致联盟解散。

（4）客户信息问题

由于很多客户的信息都会在联盟信息平台公开透明化，因此很容易造成个别企业为了获得利益而向其他企业出售客户信息（注：出售客户个人信息属违法行为），这样很难形成稳定的客户群。

（5）责任划分和利益分配有困难

在物流联盟配送模式下，物流配送是由多家物流企业共同完成的，一旦货物出现破损或延期的问题，则不容易追究到具体的责任方；而且在利益分配过程中，每个企业都想获得最大的利益，对于最后配送完成后利润的划分，也是难以做到平衡的。

（四）物流共同配送模式

1. 共同配送的概念

共同配送模式的主体可以是联合配送中心，也可以是第三方物流企业。共同配送模式是指多个企业联合起来组建配送中心，或者共同委托一个第三方物流企业来完成配送工作。共同配送是一种横向联合方式，企业与企业之间共用车辆、仓库等物流基础设施设备，实现物流资源共享。共同配送是一种高度集约化的物流配送模式，同时也是一种追求合理化配送的配送形式。

2. 共同配送的优势

共同配送是基于多个客户的要求，统筹安排配送时间、次数和货物数量的集中化配送，这种配送有利于节省运力和提高运输车辆的满载率，降低配送成本，合理利用资源。本书所研究的共同配送模式，是自营物流和第三方物流相结合的集成配送模式，在该模式下，区域内的配送活动由自营物流去实施，区域外的大部分配送活动由第三方物流企业去实施。这种集成配送模式可以有效地控制配送成本，为客户带来专业的物流服务，提高客户满意度。共同配送作为现代配送模式中首选的配送形式，综合考虑了经济效益和社会资源效益。下面主要从企业和社会两个方面分析共同配送的优势。

从企业角度考虑，共同配送有以下几点优势：①可以有效降低企业配送成本。在共同配送模式下，多个供应商把货物都交给专业的第三方物流企业进行货物配送，由多个企业共同承担配送成本，可以降低单个企业的配送成本，减少投入物流技术设备的物流成本。②可以提高企业的物流服务水平。为了提高客户的满意度，提升物流企业的形象，物流企业会不断加大对技术、设备以及信息共享平台资金的投入，提高物流配送的效率。③可以发挥企业的规模效应。共同配送将分散的多元化经营变成集约化经营，通过整合客户信息以及运用物流实时监控设备，可以实现充分利用物流资源，提升物流作业的效率，实现规模效应。

从社会角度考虑，共同配送有以下几点优势：①可以减少社会资源利用。共同配送由多个企业进行联合配送，把分散的、小批量的需求进行统一配送，可以减少配送车辆的使用数量，降低车辆空载率，减少汽车尾气的排放，有利于绿色低碳出行，保护环境，并在一定程度上缓解交通拥堵的压力。②可以维护社会公平的竞争环境。共同配送通过整合厂家、批发市场以及小型零售商，越来越向"专业化分工重效率""同业或异业合作重互补""聚集合作经营重综效"等趋势发展,有助于生产企业的发展,特别是对生鲜农产品供方来说,增加了冷链物流的流通渠道,有助于营造一个良好的公平竞争环境,有助于冷链物流业的发展。③可以增加社会经济效益。共同配送通过集约化的货物配送,可以充分利用社会资源,提高物流服务水平,促进产品流向更广阔的市场,有利于社会的经济效益的增长。

3. 共同配送模式中存在的问题

（1）权责划分不明确

共同配送模式由多个企业联合起来组建配送中心,易出现权责划分不明确的情况。快递的受损可能发生在物流的任意环节,但由于共同配送网点直接面对消费者,因此一般被投诉的是共同配送网点。那么,当货物出现破损或丢失时,责任该由谁承担,是快递公司、卖家还是共同配送网点？如果是共同配送网点,那么责任是细分到共同配送网点合作的哪一个企业,还是所有加盟的企业？这些问题都需要有明确的界定。

（2）利益分配不合理

合理的利益分配是物流企业加盟共同配送的重要前提。由于共同配送模式是由多个企业联合起来组建配送中心,或者共同委托一家第三方物流企业来完成配送工作的,所以在利益分配时有时会由于缺乏客观标准而导致利益分配不合理、不公平。

（3）各合作企业之间难以磨合,造成信息不对称

合作企业之间存在着信息不对称现象。有的企业出于自身考虑,为了追求自身利益最大化,不愿意共享信息资源,对与其合作的其他企业虚报或者隐瞒相关信息,造成企业之间信息沟通不畅或者信息失真,导致产生牛鞭效应,阻碍了配送效率的提高和资源的整合,同时给共同配送模式的发展带来了一定的挑战。

（4）标准化体系不完善,行业服务不规范

标准化是实现集约化共同配送的前提。由于物流配送的货物种类繁多,而各种货物的特性具有差异性,对包装、装配、运输方式有不同要求,且客户对货物到达时间的要求也不统一,因此共同配送协调难度较大,这些制约着共同配送的时效性。

4.对物流业共同配送的发展建议

（1）企业与共同配送中心做好权责的划分

①行政机关应健全共同配送相关的法律体系，明确权责的划分界限，确定共同配送网点和物流企业权责划分的原则和基础；②共同配送中心和物流企业可以基于法律规定对权责进行约定；③在风险分担时，要遵循货物流通的次序，配送是物流中的最后一个环节，因此风险随着运输时间的增加而增加，据此应进一步做好权责的划分。

（2）科学分配原则和公平分配原则相结合

公平是分配原则的核心，是共同配送实现的前提基础，公平分配费用是刺激各个成员间进一步合作的动力。利益分配应遵循科学分配原则和公平分配原则，根据企业运营效益指标，以科学的分配方法和理论进行合理分配，并及时公开利益分配信息和计算方法，做到投入与收益成正相关关系。同时，利益分配应公开、公平地进行分配，明确各企业的投资支出，保证共同配送所获得的利益能在各合作企业之间合理、公平分配。

（3）建立有效的信息共享机制

企业之间要保持战略合作伙伴关系，建立健全的信息共享机制，使企业之间进行透明的信息交流；共同配送网点平台要灵敏地对需求做出决策，同时在物流配送系统中建立灵敏、快速的信息沟通和反馈机制，使信息共享效益达到最大化；各企业应利用共同配送信息平台，及时查阅货物流通数据信息，在建立健全的信息共享机制的同时，企业之间还应建立防止企业机密泄露的机制，确保企业经营机密不泄露，维护企业的利益。

（4）建立共同配送行业标准

①行政机关应制定标准化的技术政策并应加大对共同配送网点的投资力度，让共同配送网点成为公共资源，减少企业对共同配送网点的投入，如末端的智能收件箱，从而让企业增加流动资金，发展核心业务，同时可以在政策上对企业给予鼓励，在财政上给予资金补贴，提高企业的积极性。②企业之间需要整合和协调各种运输方式以及配送时间，制定适合共同配送模式的物流标准，以提高各环节衔接水平。③教育部门需要加强对共同配送技术人才的培养，企业需要加强对工作人员的培训。

二、物流模式选择的影响因素

（一）企业战略发展目标因素

物流模式的选择要考虑企业战略发展目标。对于选择自营物流模式的企业来说，为了抢占市场而发展自营物流从来不是其主要动力，更主要的是为了符合企业未来的战略目标，一方面为未来的业务战略发展打好坚实的物流基础，另一方面可以通过自营物流模式强化对各级分销渠道、各种供应渠道的集中管控力度，发挥其规模经济效应。

（二）企业规模以及发展趋势因素

物流模式的选择要考虑企业规模以及发展趋势。在淘宝网、京东开店的商家，它们的主要目的是在电子商务平台上销售自己的商品，而不是为自身业务发展配套的物流。而且它们中的大多数是中小型企业或者个体工商户，远远没有能力以搭建自营物流中心的方式支撑企业业务，所以通常它们会选择第三方物流的方式进行商品的配送。而对于大型电子商务集团来说，以自营物流的模式，建立自己的物流中心来集约管控，非常适合企业发展的战略需要，因为企业具有雄厚的财力和拓展市场的能力，建立自营物流更能发挥其供应链、规模采购、集中配送等多方面的优势，在保持顾客满意度的情况下节省更多的成本。然而对于 B2C 电子商务业务来说，由于其小批量、多频率、较零散的特点，大型电子商务集团自营物流的优势已不再。

（三）商品特点因素

由于不同类型的商品在不同物流模式下的物流费用成本、运输时间成本差异很大，所以商品本身的特点在物流模式的选择中也起到一定的作用。如某些企业通过建立自营物流体系，发挥自营物流模式的优势，进而减少大宗货物在物流运输过程中的成本费用；反之，如果企业选择了第三方物流模式，企业的运行成本更是会居高不下。而如果开展像 B2C 电子商务这种小批量、多频率、较零散的消费者购物模式，那么企业在货物的物流活动的执行上，理论上应该选择第三方物流来进行相应的物流活动。

(四)业务特点因素

通常对于一定区域内企业业务量较集中的企业,第三方物流配送方式可以较好地满足企业需求;对于拥有一定的高级物流管理人才基础资源、能够自己搭建现代化精细物流管理系统的企业,可以选择自营物流模式。对于后者来说,这些企业可以充分发挥自营物流集中掌控各条线业务的优势,更积极地对市场大环境的需求进行响应,更好地整合企业内部资源,有利于发现新的利润来源、降低企业自身的转置成本,并降低在实际交易中的种种风险,避免企业内部核心机密数据的泄露,同时,可以通过统一一体化的物流管理来降低管理难度,从而降低物流系统运作成本,综合提高企业品牌价值,提升顾客购买体验。

随着物流规模的不断扩大,物流的集约化程度越来越高。因此,当一个企业的生产经营达到一定规模时,自营物流模式可以使其进行集约化系统管理,将物流活动各个环节的功能进行统一部署。否则,企业降低物流系统总成本的目标就难以实现,自营物流模式的规模化效应优势也难以发挥,甚至会由于达不到规模效应而成为自营物流的发展瓶颈。也就是说,当达不到一定规模时,选择第三方物流的方式相对比较合适。

(五)业务成本特点因素

由于业务特点不同,线上业务与线下门店在物流活动的成本控制方面是不同的,因此,在制定物流模式战略时,企业必须明确在选择自营物流模式、第三方物流模式和物流联盟模式时的绩效和实际成本比例,通过合理论证和权衡选择适合企业自身业务发展的物流模式。

三、物流模式优化对策

(一)利用多元化方式降低成本

首先,为降低仓储成本,企业在仓库位置选择上应当避开政策导向型地块,降低政策型土地高额费用支出,从而降低仓库物流中心的资本投入,把更多流动资金投入仓储管理和仓储运营上来。这样做不仅能够提高物流仓储效率,而且能够提升仓储物流容错率,从根本上减少仓储物流中心前期投入资金在物流流程中的资金占比。其次,企业要提高在售后服务的专业性。消费者对商品不满时,会通过售后服务来咨询和获得调解,如果售后服务是专业良好的,就能够降低退货率，从而降低在物流链条当中逆向物流的压力，降低在逆向物流当中投入的人力、物力和财力，进而达到降低物流成本的效果。再次，企业可以把自营物流运输车辆的车辆空载区域租用给第三方物流企业，从而减少运输空间损耗和运输成本。最后，企业应提升派送灵活化和智能化水平，按照货品签收地址能近则近的方法，优化区域化派送路径，缩短派送距离并提高派送效率；通过智能化签收设备记录派送流程，保障物流流程完整化、智能化。

（二）利用智能化平台完善运营模式

企业可以通过搭建智能化平台，与物流业、制造业等行业形成生态体系链条，再运用智能化平台实现自有行业信息、资源、人才等策略化共享，扩大企业布局，拓展企业运营方向，整合物流体系，提高物流体系效率，完善物流运营模式。企业通过智能化平台的搭建能够合理整合现有资源，扩大经营内容，填充企业空白，提高服务理念。同时，信息共享机制能够使智能化平台当中的企业互相促进和补充。

（三）优化配送流程与无人派送相结合

企业可利用大数据和云计算相结合的方法优化车辆的运输路径，对于乡镇村，企业可与当地拥有派送实力的其他企业开展合作，提高配送效率。企业还可以通过以下方式来优化配送流程：①让一线员工利用业余时间学习专业化知识弥补知识上的不足。②通过智能化平台提高运输车辆利用效率。③利用众包平台增加兼职人员的覆盖受众，确保每个区域都有配送的兼职人员，这样派送和逆向物流货物收取的效率都将大大提高。同时，企业应增强对兼职人员的限制和管理，使消费者合法权益得到有力保障。利用优化配送流程和无人机智能化相结合，企业可以很好地提升物流发展速度，优化消费者的购物体验。

（四）改善管理方式，加强员工培训

企业可以通过企业文化关怀一线员工，激发一线员工工作主动性，提升一线员工福利待遇及凝聚力。企业可以通过建立良性竞争管理机制激励员工，通过改变员工工作软环境和硬环境来提高员工在工作中的积极性。同时，企业应当保障实习生基本的福利待遇，调查显示，一些实习生在工作当中负面情绪较高，从而影响原有员工工作态度。此外，随着智能化、无人机时代的到来，人工智能有

望代替一线人工操作,一线员工的工作压力加大。为解决这类问题,企业应当定时定期举办员工培训,培训内容和培训方向应当针对行业发展或者员工所侧重的发展方向来制定,通过培训后的员工可安排到企业其他部门,这样能够保障员工对企业的忠诚度。

第二节　电子商务下的第三方物流

一、第三方物流

在目前的研究中,国外不同国家和地区对第三方物流的概念有着不同的解释。例如,美国有一些研究对第三方物流企业是这样定义的:通过合同的方式确定回报,承担货主企业全部或一部分物流活动的企业。当初第三方物流的出现,是脱离了一般制造业和商业等活动而出现的,它开辟了新的利润源泉,是一种新的商务活动。现在经过多年的发展,第三方物流业已日渐成熟,成了国民经济中的重要组成部分。又如,日本许多书籍中记录了对于第三方物流的解释,大致可以概括为两类:一种解释为第三方物流是生产方和消费方之间的中间服务商,具体承担相关的物流运作活动;另一种解释为第三方物流为客户提供全部的专业化物流服务,包括物流规划、具体物流方案等具体的物流业务。除以上解释外,国外对第三方物流的理解还有很多,如"第三方物流类似于外包物流或契约物流""外包所有或部分公司的物流功能,相对于基本服务,契约物流服务提供复杂、多功能的物流服务,以长期互益的关系为特征"。

我国对第三方物流的解释大致可概括为两种:一种解释是为供需双方提供物流方案的称为第三方;另一种是将供货人、收货人看作第一方,有一定物流资源的物流企业为第二方,而把那些可以整合物流资源和为客户提供物流方案的企业看成第三方。中国物流协会理事李松庆教授用传统第三方物流服务与现代第三方物流服务对第三方物流的概念进行了阐述,他指出,一体化的综合性物流服务是物流企业追求的目标,也是众多客户希望获得的物流服务。

第三方物流是相对于买卖双方而言的,它是由专门承担物流仓储运输的第三方物流企业负责企业物流的一种形态。第三方物流既不属于第一方(卖方),也不属于第二方(买方),而是通过与两者之一合作来提供专业化的服务,本身并不参与商品交易。第三方物流主要通过与客户签订合同，为其提供专业化、个性化、系统化的物流代理服务。

第三方物流的概念来源于物流外包，具体来说，就是第三方物流企业根据客户的需求制定让客户满意的物流服务方案，而不是简单粗放地承接业务。物流外包让企业能够将更多的精力和财力放在企业的核心部分，将自己的短板部分交给更加专业的第三方，最终实现双赢。第三方物流企业能够集合物流资源为需求者提供多元化、个性化的服务，并且可以针对不同类型客户提供一对一的专业服务。第三方物流的客户群是面向社会的，是多样化的。第三方物流需要按照客户要求进行货物的运输、仓储、装卸、搬运，甚至还包括包装、流通加工等一系列的有偿个性化服务。

第三方物流可与自营物流相结合。现在几个比较大型的电子商务平台都有自己专属的物流服务，比较典型的就是京东。2007年京东开始自建物流，率先推出限时达服务，经过多年的发展和积累，京东在全国多地建立了不同规模的仓库，不得不承认京东物流的高效性，但在这样的背景下，京东仍面临着较高的成本，也慢慢开展了第三方物流服务。对京东物流来说，向全社会开放服务，有利于更大程度地利用现有的物流资源，降低企业成本。

二、第三方物流产生的原因

随着社会的不断发展，企业面临的竞争越来越激烈。一方面，企业为了增强其在市场中的竞争力，会将更多的人力与资金投入企业的核心业务，而对于非核心业务则外包给其他企业去完成，这样使得社会分工变得越来越明确；另一方面，企业为了降低成本，在可变成本（原材料成本、一线操作人员工资等）及固定成本（管理层工资、财务费用等）已经不能再进一步降低的情况下，企业会将控制成本的方法转移到产品的流通过程中去。

因此，第三方物流这一概念应运而生。同时，随着物流业本身的不断发展，第三方物流企业的出现也是市场竞争的必然结果。一方面，企业迫切需要更加专业的物流服务来降本增效，第三方物流可以满足这种需要；另一方面，物流企业也发现了第三方物流这一巨大商机，于是将做大做强第三方物流作为自己的战略目标，挖掘第三方物流的商业模式，以期实现高效益。

三、第三方物流的特点

①合同化。合同化又称关系合同化，即物流活动的经营者与消费者之间的关系通过契约形式进行规范。物流消费者提出需求，物流经营者给出建议，双方经过协商达成协议，物流活动整个过程以契约规定进行管理。

②专业化。专业化又称功能专业化，即提供的物流服务是第三方物流的核心业务，是专业的物流服务。物流服务的专业化主要体现在提供物流服务的软件和硬件两方面。在软件方面，第三方物流有着专门的一套物流运行机制以及专业水平的物流人员；在硬件方面，第三方物流有着专业的物流设施和技术工具。通过专业的软件和硬件的结合，第三方物流才能够提供专业的物流服务。

③个性化。个性化又称服务个性化，即第三方物流能够针对不同消费者的物流需求提供个性化的物流服务。消费者对物流需求的不同也引导着第三方物流发展并形成其核心竞争力。

④信息化。信息化又称网络信息化，即第三方物流发展的基础是信息技术。信息技术的发展促进物流管理活动的科学化，进而带动物流效率和效益的提升。

⑤规模化。规模化又称服务规模化，即第三方物流提供的服务是面向物流市场的。面对物流市场的第三方物流有庞大的顾客群体，较第一方和第二方物流更易形成规模经济。

四、第三方物流的类型

根据第三方物流的核心业务，第三方物流企业可以划分为五类：

①基于运输服务的第三方物流企业。基于运输服务的第三方物流企业一般是由海运、陆运和空运公司等运输部门建立的，其充分利用广大的运输终端网络提供仓库和转运服务，并在提供运输服务的基础上提供全面的服务。国外的物流企业如 FedEx、DHL 以及 UPS 是此类第三方物流企业的代表，国内的中国邮政也属于此类企业。

②基于仓储或配送服务的第三方物流企业。基于仓储或配送服务的第三方物流企业一般是在仓储公司的基础上发展起来的。此类第三方物流企业主要是对食品、杂货等消费类产品提供物流服务。国外的 DSV、EXEL 和中国物资储运总公司属于此类企业。

③基于货运代理服务的第三方物流企业。基于货运代理服务的第三方物流企业一般并不拥有物流服务的资产，主要侧重货运过程的协调，并在此基础上提供

物流增值服务。国外的 Kuehne & Nagel、Fritz 是基于货运代理服务的第三方物流代表企业，中国远洋物流有限公司也属于此类企业。

④基于港口或铁路终端服务的第三方物流企业。基于港口或铁路终端服务的第三方物流企业主要基于终端运作服务，一般提供仓储、转运、分运以及终端配送服务。此类典型的公司有国外的 PSA 和中国铁路物资总公司。

⑤基于信息与系统集成的第三方物流企业。基于信息与系统集成的第三方物流企业主要致力于建立物流系统，提供有关电子商务和供应链管理工作。随着电子商务的发展，此类服务业务增长很快。国外的 Transplace 和中国的安得物流股份有限公司属于此类企业。

五、第三方物流的优点

①有助于企业专注发展核心竞争力。企业选择第三方物流配送企业，前期需要投入的资金要比自建物流体系少得多，而且风险也要小很多。企业将配送业务交由第三方物流企业，签订合同即可，于是可以集中人力、物力和财力发展自己的核心业务，提高市场竞争力。

②降低企业成本投入。企业选择第三方物流配送企业，可以减少前期的资金投入，只需支付给第三方物流企业额定的费用，就可以获得专业的物流服务。

③企业可以获得专业化、个性化服务。第三方物流企业为了自身在市场中的竞争力，会建立成熟的物流网络体系，无论是物流设备、管理模式还是业务能力，都属于专业高水平，因此会获得客户的信任，同时高度专业化的业务能力可以满足客户对于物流服务个性化和多样化的需求。另外，第三方物流配送模式个性化的服务有助于提高消费者的满意度，促进企业的良性发展。

④配送网络发达。第三方物流企业已经建立了成熟的物流网络体系，因此，相比于其他物流配送模式，第三方物流配送模式的配送范围更大，区域覆盖面积更广，这对于企业市场范围的扩大有促进作用。

六、第三方物流的缺点

①物流配送的可控性较低。企业不能对第三方物流配送环节进行直接的控制，也就不能对物流配送的各个环节进行保证。货物交由第三方物流企业后，就脱离了企业的控制，物流信息只有到达某个地点才会公布，使得信息反馈有一定的延迟，企业不能准确及时地掌握货物的信息，也不能保证配送的准确性、及时性。

②不能与客户直接接触。企业的配送业务由第三方物流承担之后，则直接与客户接触的配送员就不是企业员工了，因此企业常常不能及时地获得客户的需求和反馈，而只能通过其他途径得到。另外，第三方物流配送存在客户信息泄露的风险，容易让其他竞争对手获得客户信息，存在客户流失的风险。

③服务质量有待提高。由于我国的第三方物流配送起步较晚，而且一些一线配送人员受教育水平较低，于是一些人员在配送过程中还未能达到顾客所需要的高度专业化服务水平，服务质量有待提高。

④存在资金风险。第三方物流配送模式不同于自建物流体系，企业不可能专门派送一名员工跟随收费，货款一般由第三方物流企业代收，然后再由第三方物流企业转交，于是整个资金流转的过程很长，这样不仅造成了资金周转慢，而且加大了资金损失的风险。

七、第三方物流的功能

第三方物流可以为客户提供商品流通全过程的服务，是一种细分化、专业化的物流模式，主要功能如下。

（一）强调企业主业发展

在选择第三方物流模式之后，企业可以集中人力、财力于核心业务上进行重点研究发展，开发核心技术，创造新产品，以此来提升自身的品牌核心竞争力。同时，企业可以通过提高各环节的利用率节省经营费用，减少资金占用，提高资金周转率。第三方物流企业则通过发挥自身的专业性以及成本优势使得服务的企业能充分减少物流管理费用，从分离费用结构中获益。此外，企业可以通过解散自有车队或者下属车队公司来减少固定费用，从而将自身物流业务转移或者外包给专业的第三方物流企业，节约管理经营费用，减少固定资产投资。

（二）降低企业库存成本

第三方物流的成本优势，是生产型企业考虑使用第三方物流的重要因素之一。生产型企业面对大量的原材料资金占用以及原材料和产品的存储问题，使用第三方物流可以保证其配送的零部件以最小量来配送，保证企业合理控制库存，改善企业的现金流，控制和降低管理成本。

（三）缩短交货期

第三方物流企业利用自身的运送网络和其服务承包方，通过自身专业化物流运输经验与先进的运输技术提高产品的运输效率，以此缩短交货期限、改进物流服务，同时建立起自己的品牌口碑。第三方物流企业还可以通过其专业化的物流运作管理人才和现代化的物流信息平台系统使物流运作流程化和标准化。企业通过第三方物流协调管理其采购、生产和销售中的物品流动，通过利用第三方物流专业化功能，企业的产品可以做到在物流活动中占用最小的空间以及消耗的资源最小。例如，在物流活动中的产品包装材料可以重复利用，从而使整个产品的生命周期消耗最小资源以及对环境的危害最小化。

八、我国第三方物流的现状

（一）高水平物流企业数量较少

公开资料显示，至2018年8月，全国与物流相关的法人单位数约为40万，近百万家企业与物流发展相关联，物流企业数量不断增长。但同时，我国高水平物流企业数量较少，5A级物流企业仅有299家，而在5A级物流企业中，高水平的第三方物流企业仅有120家。综合来看，高水平物流业所占比重相对较小，不利于行业发展，这与国务院要求的加强物流标准化建设、振兴物流产业的规划还有很大差距。

（二）第三方物流企业呈现整合态势，规模化、集约化显著增强

近几年，随着物流市场的进一步发展，"十五"规划、"十一五"规划时期出现的物流企业散、乱、小、差的格局已经得到了明显改善，我国出现了大规模的物流企业收购重组的现象。例如，在2018年，中远海控完成收购东方海外；顺丰收购DHL在华供应链业务；深圳投控入股怡亚通；万科物流企业并购太古冷链公司。同时，一些物流企业为了做大做强整合资源实现了联合，行业内出现了多个物流企业为了实现战略目标，最大化地利用物流资源如仓库、物流设备、物流信息等，通过协议、合同形成优势互补、风险共担的组织，即物流联盟。在此背景下，第三方物流企业集约化水平显著增强，显著提高了物流的服务水平。

（三）第三方物流智能化水平大幅度提高

随着大数据、云计算及互联网技术的全面普及，许多智能化设备投入第三方物流领域中，如自动分拣机、自动化立体仓库、各类无线手持终端、RVG（有轨制导车辆）穿梭车、自动引导车等，大大提升了第三方物流的服务能力与水平。

（四）第三方物流依托电子商务平台迅速发展

在"互联网+"时代，电子商务平台较多，催生出大量物流订单，除部分电子商务平台（如京东、苏宁易购等）自营外，大部分电子商务平台（如淘宝网、拼多多、唯品会等）都是通过第三方物流来进行配送的。这就提升了第三方物流的市场规模，促进了第三方物流的发展。

九、第三方物流的主要风险与管理策略

（一）第三方物流的主要风险

1. 款项业务风险

涉及款项业务风险的内容是销售款和收款业务风险。从业务的整体性质来看，运费作为物流企业的主营业务收入，会与企业内部的利益密切关联，因此，要想让款项保持长期合理和稳定，就需要建立相关的运费定价制度和考核制度，加强有关制度的执行和落实。具体来说，通过业务流程分析的方式可以将企业内部的各项工作以流程图的方式进行展示，所有的流程图当中应包含企业所有的活动，可以统一地描述企业业务的工作步骤，体现出企业业务的关键环节。另外，采用财务报表分析法也可以识别风险。根据企业的资产负债情况、财务记录等找出款项业务的具体内容，识别关键风险点，然后确定风险管控措施。

2. 人力资源风险

人员的工作能力和工作方法将直接影响企业内部的工作运行状态，企业如果不能加强内部的员工管理和岗位培训工作，必然使得人力资源风险较高。

3. 信息风险

当前第三方物流企业都应用了相关的物流软件系统，并且将物流信息都录入了物流软件系统当中，目的在于使企业的实际数据和平台数据保持一致，以保证真实性。大数据环境下企业面临的压力更大，业务量明显增加让物流单据数量增多，票面信息和系统信息的符合程度将成为今后工作当中需要关注的问题，因为这方面有出现舞弊的可能性。

（二）第三方物流的风险管理策略

1. 内部环境建设

在内部环境建设方面，企业需要建立良好的组织结构和治理结构。第三方物流企业的内部控制和企业治理工作之间紧密相关，控制工作是企业治理的基本内容，而内部控制的要素包括了企业治理。企业内部的管理人员需要尽量降低企业风险，在组织结构方面做出调整，即从职能部门到基层管理人员都可以进行职责划分，相关负责人员应该在承担范围内对业务进行整体规划，及时发现问题并解决问题，杜绝考虑问题不全面的情况。

此外，内部环境建设当中还包括了企业文化建设的有关内容，企业要想获得持续性发展，就离不开企业文化建设。企业文化作为企业长期发展的基础性保障，可以影响员工的行为，引导员工朝着共同的经营目标来努力，将自我价值和企业价值密切联系。为了更好地控制风险，企业内部要具备正确的风险管理理念，让各类风险能够被遏制在萌芽状态。

企业的风险管理理念体现的是企业的整体价值观和管理意识，能够让企业在面临各种突发事件时保持良好的应对态度，沿着正确的战略目标健康地发展。良好的风险管理理念与内部环境建设需要企业领导和员工共同努力，从各种角度明确可能出现的各类问题，然后主动及时加以干预。

2. 关键风险点管理

第三方物流企业的关键风险点体现在多个方面，因此从款项业务的角度而言，销售、收款业务环节当中的风险项目包括运费定价、代收货款风险控制等业务内容。大数据环境下企业的业务量会明显增加，每日发货量庞大，每一笔业务都会有对应的货物托运单，涉及这些单据的条款应该事先拟定，所有的合同内容应保持一致，即确定格式条款合同。

企业内部的现有合同定价标准也应该在业务方面履行严格的内部管理程序，并且避免各种串通或舞弊行为。如果存在代收货款问题，需要考虑到物流业本身的工作性质，在能够给企业带来收益的前提下避免代收货款风险。

传统的物流业人力资源风险主要体现在人员稳定性不足等方面，产生这些现象的主要原因在于人才引进和考核方式的缺陷，特别是员工在进入企业工作后缺乏岗位培训。在今后的工作实践当中，企业需要明确岗位职责和要求规范，对每一个内部岗位做出明确要求，新入职的人员也应该做好岗前培训和上岗培训以提升专业素养。企业对于所有员工应建立考核方案，采取月度、季度考核。

在大数据环境之下，信息系统的风险点管理工作不可或缺。企业可以利用信息技术对业务内容做好收集和整理，利用综合的信息数据平台为企业控制制度的实施提供良好的运行环境，确保信息的真实性和完整性，同时履行好安全职责。企业的信息系统应安排专门的技术人员进行维护，一方面制定和实施基础设施的工作流程，另一方面对系统软件的运行状态进行保护，防止信息被滥用。

建立内部控制并采取实施措施的作用是保障企业的利益不受损害，让企业创造的价值最大化。风险管理措施的建立同样建立在这一统一目标要求下，力求在框架基础上达到企业的整体战略发展目标。在现代社会当中，尤其是大数据环境之下，企业已经不再单纯地追求利益和价值的最大化，而是希望通过改善内部控制的质量提升信息价值。因此，企业应该依据风险管理流程识别管理风险，以企业内部控制规范体系当中的具体内容要求为理论依据，为识别关键风险点建立防范措施。

3.信息传递机制的改进

第三方物流企业应该在信息传递方面进行综合调节，这对于企业的发展目标达成有重要的意义，能够帮助企业准确地识别经营环节可能出现的各类风险以做好提前的防范和纠正，保障决策工作的可行性。具体而言，第三方物流企业需要在内部职能机构和业务环节之间展开调整，做好内部信息传递，将企业内部不同的经营指标、流程进行整合，让每一名员工都能掌握、实现信息的平行传输，并在内部信息管理方面做好监督。监督工作的实际意义在于确保内部控制制度不产生其他缺陷。对于管理层而言，在管理环节也应做好内部控制内容的反馈。

第三节　电子商务下的新型物流

一、第四方物流

（一）第四方物流产生的原因

随着经济全球化的不断加快，一些企业为了提高自身的市场竞争力，需要更专注于企业的核心技术，于是只能将企业非核心业务外包出去。之前企业会选择与第三方物流供应商进行合作，但由于第三方物流供应商缺乏综合的、系统的运营管理功能，存在资源整合及应用技术的局限性，所以企业纷纷寻找能为之带来更多商业价值的第四方物流供应商进行合作。

在强大的技术支撑下，第四方物流可以进行全球化网络和供应链战略布局，满足全球客户对物流服务及时、精准性的要求，使物流信息传递得更加准确，同时能为企业提供组织管理、物流咨询等系统性的供应链解决方法。第四方物流凭借自身的优势在经济全球化的进程中得到快速发展。通过对物流业的分析可以得出，第四方物流产生的主要原因如下：市场需求的变化、物流业的发展、专业化分工的需求、现代信息技术的快速发展及其应用、优化资源配置的驱动。

1. 市场需求的变化

虽然第三方物流供应商能为客户企业提供物流服务，协调物流运作管理，节约一定的物流成本，但是在当前的经济形势下，随着市场环境、消费者需求的变化，企业之间的竞争加剧，在经济全球化的影响下，企业之间的竞争已经发生了变化，整条供应链之间存在激烈的竞争，甚至是不同行业之间也存在竞争关系。企业的业务也在不断扩展，之前传统的物流外包已经满足不了企业需求的变化，也不能满足企业对整个供应链物流服务的更高要求以及系统的优化需求。此时，第四方物流的出现为企业提供了新的方向，第四方物流通过对整个上下游供应链系统的各种资源进行整合，并对其进行优化设计，满足企业实现业务扩展的需求，为企业提供一体化的优质物流服务。

2. 物流业的发展

如今社会物流资产总额在不断增长，物流业在快速发展，物流业效率在不断提高，同时我国物流业的基础设施建设也在不断完善，第三方物流市场已经很成熟了。但在企业新的需求出现后，第三方物流供应商不能满足企业的需求时，第四方物流在现有的基础上，充分利用现有资源，如信息资源、物流设施资源以及各类服务供应商，创造了新的商业模式，打破了传统供应链各环节之间的限制，为企业提供更加全面的供应链解决方案。

3. 专业化分工的需求

企业为了提高自身的核心技术能力，适应市场的变化，往往需要将所有的资源用以提高核心技术能力，发展核心业务，对于一些非核心技术的业务活动可以将其外包。在这个过程中，物流活动往往是企业最先选择外包出去的，因为自建物流往往需要投入高额的资本，人力、物力需要达到一定的规模。专业化分工需求为物流业提供了巨大的发展机会，且企业外包的业务不仅仅涉及物流活动，此时，第四方物流能整合多种资源，为企业提供更全面的外包服务。

4. 现代信息技术的快速发展及其应用

在互联网的快速发展下，物流业得到了迅速发展，这些变化离不开强大的现代信息技术。先进的信息技术不仅为互联网提供了多种可能性，而且实现了商业交易过程中数据的快速、准确传递。信息技术的应用在物流业中不仅提高了整个物流活动效率，其中包括仓储、采购、订货、订单处理、配送信息、装卸运输的自动化设计实施，而且促进了物流管理过程中订货、仓储、运输的一体化。此外，依靠强大的网络信息系统，第四方物流供应商能够快捷地与其他专业服务提供商进行沟通与协商，对整个物流过程进行管理与控制，通过信息流的快速传递，提高整个物流服务的效率，实现现代供应链物流服务的无缝连接，以达到真正提高企业的运营管理效率、降低企业物流成本的目的。

5. 优化资源配置的驱动

在经济全球化的今天，资源配置是非常重要的。首先，现代物流供应商要根据全球的经济形势和整个行业的变化，及时搜集行业的动态信息，认真分析供应链的相关信息，通过及时分析背景、行业经验以及服务质量与价格，寻找合适的满足条件的其他服务供应商。同时，现代物流供应商要进行供应管理，全面了解供应商上下游各个环节上的企业背景，做好资源整合、优化方案的设计。其次，为了提高企业运营效率，降低企业物流成本，现代物流企业需要做好资源配置优化——这不仅能最大限度地满足企业的生产物流服务，还能实现现代全球化供应链的衔接与运营。在社会资源集成化以及专业分工不断细化的背景下，传统的物流供应商已经不能满足企业的需求，需要第四方物流更好地为企业服务，做好资源配置的优化。

（二）第四方物流的基本概念及特点

美国著名管理咨询机构埃森哲公司最早提出了第四方物流的概念："第四方物流供应商是一个供应链的集成商，它对公司内部和具有互补性的服务供应商所拥有的资源、能力和技术进行整合和管理，提供一整套供应链解决方案。"由实践可知，第四方物流能控制和管理整个物流过程，并对整个过程提出策划方案，通过电子商务把这个过程集成起来，以实现快速、高质量、低成本的物流服务。

从第二次世界大战时期美军因为军事需要第一次提出"物流"概念开始，再到美国企业将"物流"借用并正式在企业中运用和研究，物流已经发展了近百年时间。物流在美国和日本得到了良好运用，企业因为物流管理带来的巨大收益和良好的经营效率受到了制造业的瞩目，为物流业的快速发展提供了广阔的平台。从企业自身负责物流配送，到由经销商完成配送工作，再到出现第三方物流企业承担配送职责，物流发展到今天，已经更新至第四方物流。

第四方物流的理论经由对供应链的管理研究慢慢衍化而来。相对于第三方物流来说，第四方物流通过提供全面的供应链解决方案来创造价值，以集成和优化供应链的方式降低企业成本，提高企业利润。第四方物流作为企业的战略伙伴，能够与客户的制造、市场、分销等方面的数据进行全面、实时共享。第四方物流有以下几个明显特点。

①物流及供应链管理的专业性。第四方物流负责对整个供应链物流系统规划和设计，工作的指导者都是物流和供应链领域的专家。②供应链环节资源整合及互补调度能力。第四方物流是在第三方物流得到高度发展的前提下产生的，通过整合第三方物流供应链来达到物流资源最大化，突破了第三方物流发展的局限性。③供应链解决方案实施及优化能力。第三方物流供应商缺乏电子采购、订单处理、虚拟库存管理等服务。第四方物流供应商整合了物流管理、信息技术、管理咨询、供应链管理等相关能力，而这也是对供应链解决方案实施和优化的保障。④行业发展战略规划和咨询能力。第四方物流整合了物流业的专家，对物流发展中的困

难和状况提供咨询服务。同时，实施第四方物流的目的不只是降本增效，还要对物流业的未来发展设计蓝图。

（三）第四方物流的组织形式和运作模式

第四方物流是一种新的物流服务形式，它通过信息技术完成各方衔接，其中包含了提供物流服务过程中的各个供应商。第四方物流供应商依托于强大的信息技术，将各方资源整合在一起，共同完成物流服务。第四方物流供应商的组织对象主要有以下几类。

①第三方物流供应商。它是客户物流服务的承担者，一般拥有固定的物流服务设施、物流服务的专业知识和实践经验。在第四方物流的组织形式中，它能够提供运输、储存、装卸搬运、配送甚至是流通加工等综合多样化的物流服务，也可以从事其中某一个环节。

②物流咨询企业。这是指专业的物流咨询企业，为需要物流服务的企业提供相关的咨询服务。它虽然没有提供具体的物流设施服务，但是拥有丰富的物流活动经验和高素质的物流管理人才，通过对行业的分析，为客户企业提供咨询服务。它拥有强大的软实力，通过帮助企业做物流规划，提供物流顾问，进行物流评审，解决物流系统实施问题，并提供物流培训等业务，使企业的物流系统更加规范化，企业管理效率得到提高，从而达到提高企业竞争力和收益的目的。

③供应链上的企业用户。第四方物流为各个供应商、制造商提供了一个信息平台，企业用户可以在上面进行合作、交易。这些供应商数量较多，有的是单个客户需要详细的物流规划设计，有的是整个供应链上的客户需要重新规划物流活动方案。第四方物流为这些客户提供服务，负责管理经营整个供应链。

④信息技术服务提供商。第四方物流的信息平台是依托强大的信息技术而经营运行的，信息技术服务提供商为企业提供专业的技术服务，作用于企业信息平台的建设和维护。

⑤其他增值服务提供商。在第四方物流的背景下，许多专业的营销、包装、流通加工、及时配送服务，以及金融服务商参与到其中。在它们的支持下，第四方物流能全方位地为客户企业提供一体化服务。

第四方物流在第三方物流供应商、物流咨询企业、供应链上的企业用户、信息技术服务提供商以及其他增值服务提供商的组织形式下，根据不同的组织对象组成不同的运作模式。第四方物流的运作模式主要有如下几种。

第三章　电子商务环境下的现代物流模式

①协同运作模式。第三方物流作为物流活动具体的实施者，直接与客户进行接触，而第四方物流能够提供相关信息技术、管理经验，为第三方物流提供有针对性的物流方案。即第三方物流与第四方物流进行合作，形成战略联盟的模式。这种协同运作模式的针对性较强，组织的灵活性较大，而且大多数运用在物流配送管理等业务上。

②方案集成模式。第四方物流通过整合其他各方资源，为目标客户提供完整的供应链管理运行方案。该模式由第四方物流进行组织管理，利用其他成员的物流资源进行集成。

（四）第四方物流与第三方物流的联系与区别

随着全球经济一体化的发展与各行业专业分工的日益精细，物流配送伴随着信息化的发展逐渐发展出增值功能。传统的第三方物流采用的是接受客户的委托，提供全面的物流配送服务模式。这些物流供应商是真正的物流工具的提供者，企业名下有多家自有车队或合作车队。但正是因为第三方物流的发展方向是为客户实实在在地提供配送服务，前提条件在于客户的需求是明确、合理、可接受的。随着当代大企业业务模式的复杂化，一些客户的需求开始变得模糊，第三方物流按照客户的指令去安排配送，工作量和成本会逐渐提高，正是有了这样的契机和障碍，第四方物流才会被作为供应链信息技术和资源整合的角色建立在客户企业与第三方物流之间。于客户而言，第四方物流可以帮助其梳理流程，使用系统帮助客户将零散的配送需求产品进行产品整合。于第三方物流而言，第四方物流可以将整合过的产品信息，清晰地通过 EDI 指令方式发送，第三方物流仅需按照指令的安排去运营。由此可见，第四方物流和第三方物流之间有着密不可分的联系和区别，具体可以从两方面进行分析。

1. 从硬件和软件条件分析

第三方物流发展历史悠久，理论加实践经验毋庸置疑较为成熟，且拥有固定资产和设备。相对于第三方物流的这些软硬件条件而言，第四方物流发展历史较短，在固定资产、车队设备这方面不能和第三方物流相比，这就使其必须走出一条截取供应链上顶端资源组合的高起点路线，即要将客户企业需要、第三方物流供应商、信息技术服务提供商和业务的可用资源以及业务过程管理等资源组合起来，创造更高的效率和收益。这就使第四方物流具有了高起点、高技术含量的特点。所以在信息技术方面，第四方物流拥有制高点去掌控第三方物流的实际配送，但两者的关系绝非谁掌控谁，对于整个配送环节来说，两者是合作伙伴，第四方物流利用信息技术和咨询方案的能力，为第三方物流提供经由配送成本和配送时效衡量过后的配送信息，第三方物流则利用其丰富的车辆设备和多元化的路线规划为客户提供实实在在的配送服务。从硬件软件角度而言，第四方物流和第三方物流在整个配送环节扮演着不同的角色，目的都是将客户的配送需求安全、准时、低成本地送往目的地。

2. 从运作模式分析

第三方物流提供商所做的是策略性决策和操作性决策，为客户企业提供第三方物流执行方案，改进特定供应链功能，管理仓储、运输等物流功能，侧重于实际的物流运作以及面对客户企业需求的一系列服务。而这些实际操作的设备和场所往往都是第三方物流自有的或者是和第三方物流有合同关系的企业拥有的。通常企业与第三方物流提供商的合作往往是一对多的关系，即需要多家第三方物流提供商的服务，才能够满足客户企业全部的物流需求。

而对于单一的第三方物流运作模式而言，第四方物流运作过程更加简化。企业只需要和一家第四方物流服务商协作，就能获得一整套全面物流解决方案，范围涵盖了运输、仓储、信息系统、咨询方案、金融服务等各个方面，客户企业可以从第四方物流得到全面的更高层次的物流服务。同时，由于第四方物流并非拥有全部物流资产，而是以供应链资源整合协调者的身份出现，因此其可以用更低廉的成本提供更科学、高效的解决方案——它对企业的供应链进行监控，并通过对整个供应链的影响力提供综合的供应链解决方案。具体操作时，第四方物流服务供应商在第三方物流企业、IT 服务供应商等多类公司的协助下完成方案。

（五）第四方物流的发展对策

1. 引进物流新设备与推广新技术

物流效率的提高不仅需要建立公共物流信息平台，还需要相关技术与基础设备的支撑。目前我国物流基础设施与技术水平跟不上发达国家，因此我们可以引进、学习它们的先进技术。在引进的时候应当注意，发达国家的技术水平领先我国，而我国的管理水平与传统物流组织效率会限制技术水平的发挥，因此引进的设施与技术应当与我国物流业目前所处水平相适应。

2. 加大人才培养力度

第四方物流是在第三方物流的基础上产生的。第三方物流的成熟水平决定了第四方物流起步的高度。因此改善第三方物流企业的水平也可以促进第四方物流的发展。目前我国的第三方物流企业主要分为三大类：国有企业、民营企业、外资企业。改善第三方物流水平最关键的就是需要高水平物流专业人才。目前我国相关物流人才极其匮乏，虽然逐渐在高校设立了"物流管理""物流工程"等专业，但开设时间、数量与专业性程度依然不能弥补缺乏专业人才的短板。从事物流工作的人才大多是交通运输、计算机与信息系统、市场营销、仓储管理等专业，大部分并未接受过系统的物流专业理论及实践培训，相关物流从业人员业务能力不足，需要我国加快物流专业人才的培养和物流人才的引进力度。并且现代高水平人才不仅是复合型人才，还应当有丰富的实践经验，所以还应重点培养物流专业学生的实践能力。

3. 加大物流产业发展力度

（1）明确产业方向和宏观规则

物流市场应当向现代物流组织发展，以第四方物流为主体，整合市场上第一、第二、第三方物流企业，共谋发展，同时依靠政府政策宏观调控，建立集聚的物流工业园区。物流产业应坚持渐进式、稳扎稳打的方式发展，以龙头企业带动分散小企业的战略发展。

（2）培育物流市场体系

政府应按照市场规律组织管理物流业，打破条块分割、行业垄断，优化物流资源配置，促进资源进入市场。传统的物流市场有主体、客体以及载体，新的物流市场应当在传统物流市场上加入中介这个角色，第四方物流则为物流市场提供了新的角色，使我国物流业增加了国际化因素。

（3）分级规划

国家是基于国家基建投资的基本国策来规划物流业的，因此，物流规划蓝图的重点是网络平台、专业物流人才计划和物流基础设施，主要从区域物流基地、配送中心以及集散中心来分别规划，在这之上，物流工业园区应当划省份分别建立，将各省份分散的仓储、集散以及物流企业集中起来。物流工业园区、配送中心、集散中心是否衔接得当是物流能否顺利提供服务的保障。如果物流工业园区、配送中心、集散中心之间缺乏沟通和协调，只考虑个体利益和自身资源，就会破坏整个物流供应链，阻碍物流业的良性发展。

(4)适度保护

第四方物流的产生与发展不只是因为改造传统的物流组织需要花费更多的人力、物力、财力的缘故,还因为第四方物流自身拥有的优势可以帮助我国提升物流产业水平,提高我国物流企业与跨国物流公司竞争的实力,是促进现代物流业发展的突破口。第四方物流的发展会促进我国物流技术水平的提升,是我国第三产业的重要支柱。不止第三产业,从中国整个经济结构来看,制造业是我国经济当之无愧的中流砥柱,而物流业依靠着制造业发展,并与互联网相结合,为我国 GDP 增长创造了新的利润扩张途径。目前物流业的规模虽然在增加,但是规模经济的效应并不明显,因此,国家应重点扶持物流业,加大对物流业的投资力度,努力发展第四方物流。

二、绿色物流

(一)绿色物流的概念

绿色物流是 20 世纪 90 年代出现的一种全新物流运作模式,目前还没有统一的定义。国内外学者对绿色物流的定义有多种表述,其本质与内涵基本相似。

国外学者将绿色物流又称为"生态物流""环境物流"。国外学者马勒（Muller）在 1991 年最早指出环境问题将改变现有物流管理方式,直到 20 世纪 90 年代中期物流领域的环境问题才真正受到重视,学者们根据不同理解给出了不同的对于绿色物流的定义。国外大多数学者认为,绿色物流是对生态环境负责的环境友好型物流系统,与传统物流相比,绿色物流更注重节约资源和保持生态平衡,不仅包括从原材料获取、产品生产、包装加工、运输、仓储直到送达消费者手中的前向物流过程绿色化,还包括废弃物回收利用的逆向物流。美国逆向物流执行委员会（RLEC）在研究报告中提出,绿色物流是深刻认识物流运作对环境产生的负面影响,并使其影响最小化的物流过程。美国逆向物流执行委员会还对比分析了绿色物流与逆向物流的概念,认为逆向物流只是绿色物流的一方面。因此,绿色物流又被看作对前向物流与逆向物流进行综合生态管理的新型物流管理系统。

我国 2001 年发布的《物流术语》（GB/T 18354—2001）中对绿色物流作如下定义:在物流过程中抑制物流对环境造成危害的同时,实现对物流环境的净化,使物流资源得到充分利用。总体来看,绿色物流的目标不同于一般物流活动,一般物流活动主要是以实现企业盈利、降低运营成本、满足顾客需求为目标，以此实现运营主体的直接经济利益。而绿色物流提倡在实现经济利益的同时，还要重视以资源节约、环境保护为目标的社会生态效益。从绿色物流的行为主体来看，除传统物流企业外，还包括供应链上下游的制造企业、分销企业及物流行政部门等，由此形成绿色物流供应链系统。在绿色物流供应链系统中，供应链上游企业从产品研发开始，就要充分考虑其对环境产生的影响及污染治理成本，注重供应链上下游企业协调发展，实现产品绿色设计、绿色采购、绿色制造、绿色分销、绿色物流、绿色消费、绿色回收等多环节、连贯性的综合管理，改变传统物流运营体制，合理配置各环节基本资源，尽量减少资源浪费、环境污染，进而实现整个供应链的可持续性发展。

从国内外学者对于绿色物流的定义可以发现，绿色物流是一个定义广泛、内涵丰富的多层次概念，但其最终目标都是在实现经济效益的基础上减少资源消耗、保护生态环境，最终实现绿色物流的社会经济与生态环境效益相统一。

（二）绿色物流的特点

1. 综合性

绿色物流系统涉及多个因素，不是系统内各个因素的简单相加，而是整个系统各因素间综合作用的体现。它由绿色物流的经济条件、绿色物流的基础设施建设、绿色物流的自然环境及行业运营环境水平、绿色物流的创新能力、绿色物流的政策支持等多种因素综合构成。

2. 时域性

随着环境的变化、社会的发展，绿色物流水平会发生改变，并做出相应的调整，比如政府加大政策支持引导力度、完善物流基础设施建设等。不同时期的绿色物流水平存在差异，因此绿色物流具有时域性。

3. 地域性

不同区域间资源的差异性导致各区域间的绿色物流水平存在差距。同一区域内的绿色物流在发展过程中拥有相同的法律制度、经济水平、社会文化等条件，会逐渐形成独有的特性，即绿色物流的地域性特征。

（三）绿色物流的内容

从绿色物流的定义可以看出，绿色物流从可持续发展的基本原则出发，在实现物流经济效益的同时，又保护了自然资源以维护生态平衡，为后代留下生存发展的空间。由此可见，绿色物流是以经济学原理为基础，建立在可持续发展理论、生态伦理学理论、外部成本内部化理论及物流绩效评估理论基础上的物流科学发展观。具体而言，绿色物流涉及多个领域，包含多个环节，以此构成完整的绿色物流体系。绿色物流的主要内容包括以下几个方面。

1. 集约资源

资源的集约利用是发展绿色物流的主要思想之一，它要求通过对现有资源的合理配置来提高资源利用率，减少资源消耗和空置浪费，这一思想符合我国可持续发展理念。目前我国物流基础设施空置率较高，通过集约并优化物流资源配置，能有效解决我国物流资源空置难题。

2. 绿色运输

物流运输是物流活动中最重要的功能要素之一，其运送过程中产生的尾气排放及燃油消耗是物流活动造成环境污染的主要原因，因此实行绿色物流的关键在于改善运输问题。首先，应选择合适的运输路线及运输工具，避免空驶、迂回运输、对流运输或重复运输，有效提高运输车辆的实际装载率。其次，应不断改进运输车辆的内燃机技术，鼓励使用清洁燃料，实现节能减排目标。最后，应防止物流运输过程中出现货物泄漏，对环境造成严重污染。

3. 绿色仓储

绿色仓储是指以仓库布局合理、物流成本低、货物损耗少、环境污染小为特征的仓储。绿色仓储要求在仓库选址时远离居民区，特别是具有放射性、易燃易爆物品更要安全合理存放，否则不仅会破坏周边生态环境，甚至会危及周边居民生命和财产安全。同时，仓库内部空间应合理规划布局，布局过于松散或密集都会造成资源浪费，不利于降低仓储货物运输成本。

4. 绿色包装

包装具有保护商品、美化商品、为商品的运输销售提供便利的作用，而绿色包装在此基础上还需具备两个原则：①世界公认的绿色包装 3R1D 原则，即包装减量化、易重复利用、易回收再生及可降解腐化。②包装贯穿于整个物流过程，这就要求从产品的生产、制造、销售、流通直至消费者消费终端各环节都要防止不良包装对环境造成危害。绿色包装是为实现经济可持续发展而产生的，在现阶段国际贸易活动中，绿色包装制度体系已经发展成为发达国家设置绿色贸易壁垒的主要内容之一。

5. 逆向物流

逆向物流是为了回收利用或合理处置废旧物，将其从消费地向生产地转移的过程。逆向物流能够通过对现有资源的循环利用，减少对原材料的需求，并通过清洁技术集中处理废弃物，减少其对环境产生的污染，促进经济社会可持续发展。

6. 绿色流通加工

绿色流通加工是指出于环保考虑采用先进技术设备对产品进行集中加工，以适应客户的不同需求，同时对流通加工过程中产生的废料进行集中处理并回收利用，以此提高资源利用效率，减少废料对环境造成的污染。

7. 绿色信息处理

绿色物流不仅包括货物在时间、空间上的转移绿色化，还包括绿色物流相关信息的搜集处理。搜集和归纳绿色信息是企业实施绿色物流战略的基础，利用先进的信息技术对各种绿色物流相关信息进行搜集、整理和储存，并将其及时运用到企业物流管理中，能够更好更快地促进物流产业的绿色化发展。

综上所述，绿色物流涉及范围广泛，绿色物流的实施有利于保护生态环境、节约资源能源、增加品牌附加值、提升企业形象，从而提高企业绩效。同时，实施绿色物流能改善环境质量，为人们提供更为健康便捷的生活，提高国民幸福指数和生活质量。因此，物流业绿色化改造对我国经济社会发展意义重大。

（四）绿色物流的发展动因

1. 绿色物流满足经济可持续发展的要求

"可持续发展"概念从提出后就有多种含义，受到大家普遍认可的是1989年世界和平与发展委员会提出的对于可持续发展的定义——不仅要实现当代人类经济的发展，而且不能对后代人持续发展的能力产生破坏。现代物流的运营、管理过程正日益对环境造成危害，为使经济、生态和社会相互协调与可持续发展，必须采取相应措施来保护自然环境，创造一种可持续发展的模式。绿色物流顺应可持续发展的要求，能够促进经济的可持续发展。

2. 绿色物流是发展循环经济的重要方面

根据可持续发展的资源观，在资源的开发利用过程中应该节约资源。循环经济符合可持续发展观，以资源的高效、循环运用为核心，通过最小成本获取最大的经济与环境效益，从而使资源保持可持续利用。绿色物流符合循环经济理论，其提倡的合理利用物流资源、对废弃物进行回收再处理等措施，是循环经济发展的重要体现。

3. 绿色物流旨在解决环境问题

人类在谋求经济发展的同时很可能与环境之间产生矛盾，对于环境的变化发展，人类并不能完全清楚，也就不可能绝对预见经济活动对环境造成的长远影响。人类的某些活动从某种程度上会自觉或者不自觉地造成环境破坏。物流业在快速发展的同时，对环境造成了破坏，绿色物流强调环境友好性，注重减少对环境的影响。

（五）绿色物流的意义

在之前的经济发展中，人们对于生态环境保护的意识不够强烈，导致经济与生态失调。近几年随着绿色经济的号召，人们加强了对生态环境保护的重视，绿色物流应运而生。绿色物流发展旨在节约资源、维持生态平衡，进一步推动可持续发展战略，对于生态和经济等方面的意义重大。

1. 绿色物流推动了当前经济和生态协调发展

传统物流在追求经济发展时，自觉或者不自觉地忽略了因资源浪费和废弃物滥排而导致的环境问题，站在生态环境保护的层面，绿色物流运营模式所体现的"生态性"在很大程度上不仅提高了资源的利用率，降低了物流活动对生态环境的危害性，同时使经济发展方向更契合可持续发展战略。在可持续发展战略的原则下，经济发展与生态平衡相互协调，物流绿色化发展尤为重要。

2. 绿色物流推动了传统物流模式的改革与创新

相比于传统物流，在活动目标上，绿色物流将环境和社会效益摆在与经济效益同等地位上甚至优先于它，以总体最优为目标；在活动范围上，绿色物流不仅包括产品在供应链中的正向流转，还包括退货品的处理和废旧物的逆向回收；在参与主体上，制造商、消费者和政府等均参与到整个绿色物流的供应链中，以企业牵头、政府指导、消费者监督的形式，共同推动传统物流业向科学的绿色物流发展。因此，绿色物流在很大程度上推动了传统物流模式的改革与创新。

（六）绿色物流绩效评价

1. 绿色物流绩效评价基本理论

在管理学中，物流绩效评价是对物流价值的事前计划和控制、事后剖析和评估，以此衡量物流运作系统在物流活动中的投入及产出情况。其中，物流绩效评价既体现社会对区域物流的管理、规范和控制，又包括对企业物流总体的绩效评价。从广义的范围来看，区域物流绩效评价一般包含基础设施、市场规模、地理区位、经济发展、法律政策环境及产业投资力度等因素。从狭义的范围来看，企业物流绩效一般包含物流技术、物流业务量、物流成本、存货周转率等因素。

绿色物流绩效评价就是在传统物流绩效评价的基础上对区域物流运作效率和绿色发展水平进行评价分析的过程。对区域物流绿色发展水平进行客观评价，有助于政府把握地区绿色物流的发展状况，以便对物流业进行产业规划布局，促进我国物流业绿色、稳定、可持续发展。因此，很有必要建立一套合理有效的绿色物流绩效评价体系。

2. 绿色物流绩效评价指标体系的构建

评价指标体系是由多个相互作用、相互联系的评价指标，按一定层次结构组成的有机整体。在构建评价指标体系时需遵循一定原则，使选取的指标能全面准确地体现所要评价对象的内涵。绿色物流绩效评价指标体系的构建需遵循的原则如下。

①科学客观性原则。绿色物流绩效评价体系的指标选取要科学合理，符合事物的客观发展规律，能够客观、准确地反映绿色物流运作情况，同时评价指标体系的建立要结构合理、层次分明、定义明确，只有遵循科学有效的原则，才能保证评价结果的科学性和准确性。

②系统全面性原则。绿色物流是一个环节众多的物流管理系统，物流活动涉及国民经济发展的多个行业，在对绿色物流绩效进行评价时，不仅要考虑物流运营管理、经济发展水平及基础设施建设相关指标，还应考虑与绿色密切相关的环保能源指标，这样才能系统、全面、完整地反映整个行业绿色物流绩效水平。

③可操作性原则。由于物流业在国内外产业体系中未被单独定义，大多数学者是用邮电通信业、交通运输业来代替物流业，且部分环境数据较难获取，因此在确定指标体系时要考虑指标数据的可量化、可取性，以确保评价指标在绩效评价过程中的可操作性。

④可比性原则。在对绿色物流绩效进行评价时，各指标采用统一的量化方法便于标准化操作，且基于各地区资源禀赋、发展条件差异，必然会存在区域经济发展不均衡现象，因此选取具有可比性的指标对于构建科学实用的评价体系极其重要。

⑤定性与定量相结合原则。在选取指标时应充分考虑指标数据的可获得性及量化的难易程度，采取定量与定性相结合的方法，对指标体系意义重大。难以精确量化的指标，可以采用模糊量化、尺度量化等定性分析量化技术进行处理，使评价体系更加科学全面。

3. 绿色物流绩效评价指标的选取

这里根据绿色物流相关特点，分析影响绿色物流发展的各种因素，并参考国内外学者关于绿色物流绩效评价的相关文献，从经济发展水平、基础设施水平、运营管理水平及环境与能源消耗四个方面构建绿色物流绩效评价指标体系。

①经济发展水平。现代物流业作为国民经济的动脉和基础性产业，在国内生产总值中占据重要地位。建议选取物流产业增加值占 GDP 比重反映物流产业对国内生产总值的贡献程度，选取物流业固定资产投资强度反映政府对物流业的资金投入，选取环境污染治理投资强度反映各地区在物流发展过程中对环境污染治理的资金投入。

②基础设施水平。物流基础设施建设是绿色物流赖以发展的基础，是影响绿色物流发展的重要因素。建议选取物流业交通网络里程密度和民用载货汽车拥有量反映各地区物流基础设施建设水平，选取废气治理设备投入强度反映各地区对绿色物流基础设备的投入情况。

③运营管理水平。物流业的运营管理能力是反映物流业运作效率和经济效益的重要指标。建议选取物流从业人员所占比重反映物流业人力资源投入，选取货运周转量反映各地物流运输能力和运行效率，选取社会物流总费用占 GDP 比重判定各地区物流成本的高低，以此反映地区物流业发展景气程度及降本增效运行成果。其中，社会物流总费用占 GDP 比重为负向指标，比重越小越有利于地区绿色物流绩效水平的提高。

④环境与能源消耗。区别于传统物流，绿色物流是从可持续发展角度出发，以保护生态环境、发展低碳经济为目标的物流活动，因此选取绿色物流绩效评价指标时要考虑环境保护与能源消耗方面的因素。建议选取物流业能源消耗量和物流业废气排放强度反映物流业对能源的消耗及对环境的影响。绿色物流提倡"低能耗，低污染，低排放"理念，因此物流业废气排放量、能源消耗量越少越好，两者均为绿色物流绩效评价体系中的负向指标。最后建议选取废弃物资综合回收利用率反映物流业的绿色转化水平。

（七）绿色物流发展中存在的问题

1. 忽视绿色物流发展理念

不仅是物流企业自身，许多参与物流市场的主体都对绿色物流理念起到的作用不够重视。一些中小型的民营物流企业，企业内部专业化程度不高，在绿色物流方面的投入更多的是应付监管。发展绿色物流必然会有一些物流企业要转型，转型就意味着成本增加，而大部分企业都是追逐利润的，所以自愿转型的只是少数。部分企业管理层对于绿色发展理念了解得不够透彻，并未意识到发展绿色物流可以节约能源、实现资源的循环利用，从而实现企业的可持续发展。而且即使企业内部推广绿色物流发展理念，通常也只是停留在表面，没有深入贯彻。比如在包装快递物品时，一些缺乏自律的物流企业员工可能会对快递过度包装，增加胶带、包装物等物料的使用量，可是这样的行为并不会对他造成什么影响。特别是有很多企业不愿意发展逆向物流，认为这会增加成本，导致很多难以降解的物流包装物给环境带来严重的危害。此外，商家与消费者也没有对绿色物流形成有效的监督，事实上放任物流企业这样的行为会最终损害大家的利益。

2. 相关法律法规不够完善

目前与绿色物流发展有关的政策较少，而物流企业的绿色发展应有相关的法律法规对其进行约束，不能只依靠其社会责任与自律。物流企业绿色发展是一个庞大的工程，涉及运输、搬卸、储存、包装等多个环节，参与其中的主体复杂，单是规范一个方面难以达到预期目标，需要全盘统筹推进。同时，绿色物流相关政策更新缓慢，不能与高速发展的物流业同步，信息披露也不够充分，导致公众缺少对物流企业监督的途径。

3. 缺少相关技术与人才

绿色发展技术是物流企业发展的重要动力，主要包括在设备、能源、信息化方面的技术。中小型的民营物流企业大多数没有足够的技术与人才储备，且一些物流企业低估了技术与人才在企业发展中的重要性，不愿挤出资金投入其中。在当前"互联网+"的背景下，物流企业转型缓慢，虽然现在有住宅智能信报箱、智能快件箱、无人配送等项目，但是其覆盖率还是略显不足。中小型物流企业也没有技术与便捷的途径共享物流的信息，这让发达的交通网络很难展现出高效率。近年来快递件数发送量快速增长，新增生活垃圾中电子商务的包裹约占90%，纸箱、塑料袋、胶带等快递包装垃圾泛滥。在国外很多物流企业已经开始回收物流包装，更多使用新能源运输工具，国内的一些大型物流企业也在尝试进行绿色化转型。但是有很多小型的物流企业，对它们的监管不可能是全方位的，它们能否做到绿色物流全靠自律。目前绿色物流处于初级阶段，绿色包装材料价格昂贵，而且小企业也难以投入过多资金开发材料回收的技术与网络，导致很多企业不愿主动去发展绿色物流。另外，目前从事物流业的人员大多没有物流专业知识，高校对于物流相关专业也不够重视，加上大众对物流管理专业认识的偏差，导致物流专业人才不足、绿色物流发展缓慢。

（八）绿色物流发展的策略

1. 外部发展策略

（1）学习外国先进经验

相对于其他国家来说，我国物流业绿色化发展相对缓慢，物流行业可以合理借鉴德国强制性要求包装厂商回收快递垃圾的经验，加快物流企业绿色化发展的步伐。日本通过在城市内设置居民回收点，为人们提供一个良好的回收环境，提高市民绿色环保意识并有效提高重复利用率。美国通过对快递包装回收企业减少税金的方法，增加企业内部对回收的积极性。发达国家关于绿色物流发展的有效策略是我国最好的借鉴案例，我国可以在企业内部、政策优惠、文化普及等方面，提升绿色物流的管理水平。

（2）加强绿色物流的人才培养

我国应培养绿色物流管理的复合型人才，加速人才的知识储备，使人才将理论融会贯通应用于实践；通过绿色物流的开展，推广绿色化产业的运作，提供新方向的就业机遇，为大量的物流人才提供就业机会；同时吸引经验丰富的人才加入，加速绿色化快递业的改造。此外，高校教育的培养也十分重要，提高高校教育水平，增加环保与物流相关的课程与实践培训，让学生将理论与实践相结合。企业内部也要提供一些绿色环保物流相关的培训，促进员工同步学习和掌握知识，提高员工的工作素质。

（3）利用国家政策推动绿色物流

在物流业蓬勃发展的背景下，环境污染加重，运输车辆所排放的尾气加重了大气污染，大量快递垃圾导致环境污染，因此相关强制性改善举措的发布非常有必要。政府应该制定低碳的相关法律，从废物排放、资源使用、环保规则等方面制定出行业的法律体系，引导物流企业发展绿色物流。同时，政府应大力引导，对政府各部门、行业内部、高校等机构进行环保宣传，并定期开展绿色环保活动，提高普及程度。

2. 物流各个环节上的发展策略

（1）发展物流绿色运输新能源

运输车辆与物流运输进行结合并大量投入，实现资源的合理配置，减少碳排放量，通过线路的具体规划提升车辆运力，此外无人机与无人车在物流运输的投入使用未来可期。不仅如此，企业应该尽可能地发展多式联运与共同配送，通过将汽车、铁路、航空、水运等多种运输方式进行有机结合，提高运输的效率，加强运输之间的有效联系。

（2）推行物流绿色仓储

通过开发先进的监控系统，大力投资自动化仓库、智能机器人等设施设备。科学规划物流仓库空间，减少分散的货物储存仓库。降低资源的使用，降低环境的污染，可以使物流效率大幅度提高，有助于减少中间环节而使仓储的成本降低。

（3）促进物流信息绿色发展

企业应通过发展智慧物流，利用电子数据传递系统，采用无纸化信息传输，如射频技术、电子数据交换技术、条形码技术等，建立企业信息交换网络。通过先进的信息设备，不仅可以节省数据传输的速度与质量，还能达到信息处理的绿色化。发展先进的物流技术是提高绿色物流专业性的重要保证，企业应当积极进行技术的创新与使用，实施绿色物流。

（4）鼓励物流包装回收

企业在物流配送过程中，应尽可能地减少包装材料的使用，同时可以采用先进的技术，如生物降解技术，对包装材料进行回收降解使用。政府也可在各个城市建立包装回收站，鼓励消费者将包装材料进行分类后投放，各个回收站再将收集的包装材料进行循环利用。

（5）推广物流绿色包装

对于发展绿色物流来说，物流包装绿色化十分重要。物流绿色包装有助于节约资源，并且减少对环境的污染。物流企业可以通过采用先进的技术，对物流包装材料进行改造，创造生物降解包装代替传统的聚乙烯材料，提高包装利用率。同时，统一物流包装的体积与规格，使用相同大小的包装容器，为供应链的运输与打包提供便利。对物流包装可以进行创意设计，通过不同种类的艺术加工或者名人代言制成精美包装，提升市民生活中对物流包装的利用程度。

三、国际物流

（一）国际物流的概念

国际物流的概念是国内物流的派生和扩展。由于国际物流是在国内物流的基础上派生出来的，所以运输、仓储、商检、报关、物流处理、物流信息管理等基本环节比较一致。

运输：与主要以公路运输和铁路运输为主的国内物流相比，国际物流的运输方式多种多样。

仓库保管：国际物流货物以多样性、自然因素、政策因素及其他外部环境的影响为基础，需要比较高的货物保管条件，如特定的温度、光、通风条件等。

报关程序：国际贸易具有高度的不确定性，受各国政策变更的影响很大，所以关于国际物流的报关、申报、文件的确认、商品的检查、通关、出库等限制很多。

循环处理：在循环处理方面，产品的性质没有改变，只是重新包装或印刷装饰，一方面能改善顾客的满意度，另一方面能减少运输成本、提高运输效率。通过这个环节，可以提高产品的附加价值。

信息管理：国际物流的连接离不开信息管理系统的支持。国际物流管理需要监控和跟踪整个链接，即将链接的现象和时间完整地记录在系统中，把国际贸易的所有链接都文档化。

国际物流与国内物流虽然起源相同，但两者之间还是有很多不同的。国际物流对国际贸易的生产、流通、消费环节产生影响，要想使国际物流取得成功，需要同时考虑很多因素。对于风险来说，危险源是广泛的，可能是政治的、经济的，或者是自然的。

（二）国际物流的发展过程

综观国际物流的发展历程，大致分为以下三个阶段。

第一阶段为 1950 年—1980 年。第二次世界大战结束后，国际间交往越来越频繁。随着大型船舶的出现，国际物流的服务水平逐渐提高，国际间的航线由散货物流向集装箱物流转变。

第二阶段为 1980 年—1990 年。信息时代的来临使依靠信息来决定物流质量的国际物流实现跨越式的发展。电子交换系统和国际多式联运的出现，使国际物流成本更低，同时服务更加高质，国际物流逐渐向着信息化、自动化、多品种的方向发展。

第三阶段为 1990 年至今。在历经 70 多年的发展历程后，国际物流在经济全球化和区域经济一体化的大背景下地位愈发稳固，国际物流更是成为各国政府加强国际间经贸合作的桥梁。随着互联网技术的日益兴起，逐渐形成国际供应链、国际物流系统，国际物流水平进一步提高。

（三）国际物流的主要特点

1. 物流环境复杂

国际物流活动至少涉及两个国家，而不同国家之间的物流环境通常会有较大的差异。经济发展和科学技术水平的差异会造成物流双方处在不对等的环境下，有些国家可能因缺乏技术手段而导致国际物流的效率降低。同时，各国执行的物流标准和法律体系也有所不同，物流双方之间的差异使国际间的物流复杂程度远远超过国内的物流，因此国际物流的进一步发展受到复杂物流环境的制约。

2. 标准化程度不同

由于国际物流涉及不同国家，交易双方若没有统一的执行标准将会大大增加国际物流的成本与难度。欧洲和美国基本实现了物流标准统一，这就使得物流成本和物流操作难度都有所降低，而未执行统一标准的其他国家间的国际物流要复杂得多。在信息传递方面，欧洲不仅实现了各个企业内部信息统一，而且使企业与欧洲市场实行统一的标准化，因此，欧洲国家间的国际物流的便捷程度要大于其与非洲、亚洲国家的国际物流的便捷程度。

3. 物流系统广泛

物流系统涉及的多种要素，而国际物流更是在原有的基础上增加了一层难度。庞大的信息管理系统、内外因素的夹击，使国际间物流活动的风险大大增加。但正因为如此，在现代系统技术的推动下，国际物流庞大的信息处理群更容易建立起国际物流系统。例如，"大陆桥"的建立缩短了国际物流的运输里程，加快了海陆联运的建设，使国际物流速度快速提升。

（四）我国国际物流发展面临的困境

1. 集装箱供应短缺问题突出

海运作为我国国际物流运输的重要方式之一，承载了近 90% 的国际物流运输量。然而近年来在外贸增长的情况下，我国海运货量提升，集装箱供应短缺问题凸显，众多港口纷纷出现"一箱难求"的困境。据中国集装箱行业协会称，受国际制造业回流、集装箱"去一反三"等多重因素影响，自 2020 年 7 月以来，青岛、宁波、上海、连云港等港口普遍存在集装箱严重短缺问题，致使出现港口承压、船舶停泊作业延误的情形。2020 年 12 月 8 日，宁波舟山港 11 月集装箱吞吐量达到 265 万标准箱，同比增长 14.6%。在此情形下，宁波舟山港货多箱少问题严重，委托运输方往往需要提前预约数天才能等到空箱，大量货物积压在港口等待空箱。

2. 国际物流信息对接不畅

就国际物流本身而言，我国信息化建设相比发达国家起步较晚，虽然近些年信息化技术实现了快速发展，但主要集中在大型国际物流企业，中小型国际物流企业信息化技术获取不足。而当前中国国际物流运输公司普遍为中小型企业，大型企业较少。

一方面，这些企业发展国际物流的信息支撑手段不足。当前，中小型国际物流企业因信息支撑手段不足，导致信息化技术无法有效应用，难以实现物流信息化管理。例如，2020 年 2 月，江苏瑞捷国际货运有限公司仓储管理系统只是实现了类似 Excel 统计功能，缺少通信中心、信息平台、WAP 手机网站等必要信息支撑手段，使得该企业国际物流信息化管理水平整体偏低。再加之外贸订单量激增，江苏瑞捷国际货运有限公司仓储管理业务供应能力远不能满足国际物流需求。

另一方面，信息对称性不足。目前，中小型物流企业普遍存在信息对称性不足的问题，难以保障上下游环节良好衔接，在经过通关、审核、身份认证等环节时无法准确获得产品信息，常出现信息对接不畅问题。在此情况下，中小型物流企业一旦出现漏件、丢件等情形,将很难辨别问题环节,导致企业成本和声誉受损。中国国家邮政局统计数据显示,2021年2月,因信息对称性不足,中小型国际物流企业难以实现上下游产业信息良好衔接,全国快递申诉数超过18 000件,同比增长47.7%,其中因丢件带来的投诉占29.5%。

3. 中国国际航运物流供应链存在短板

2020年3月,外贸订单逐渐复苏,国外物流产品需求量激增,与此同时,中国国际航运物流供应链短板逐渐暴露。

一方面,航空运力"少"且"乱"。一是航运能力不足。全球物流巨头企业FedEx(联邦快递)一家物流公司的货运飞机就多达681架。在此背景下,海外航空巨头在关键航路、关键产业链节点城市占据我国国际货运市场约60%的市场份额。相比较而言,中国仅拥有全货机174架,且覆盖的城市仅为45个。而由于航空运力不足,我国航运市场几乎被外航所垄断,阻碍中国国际物流发展。二是运力结构失衡。国际三大物流巨头运力主要以全货机为主,但中国航空货运约有70%的运力主要依赖客运腹舱,运力结构严重失衡。

另一方面,航运资源"缺"且"散"。一是时刻资源短缺。以全国国际货运量规模最大的浦东机场为例,其货运时刻仅占8%,而大部分货运时刻分布在0~6时,因此浦东机场难以满足货运要求。且货运的平均有效飞行时间为5小时,仅占客运一半。二是资源布局结构分散。当前,中国航空货运业务主要集中在上海、北京等综合枢纽型机场,而中部大部分支线机场未形成专用的货运机场,使当地出现货源短缺问题。因此机场只能依靠"地方补贴"来吸引货源,但这又分散了市场需求,使有限资源被严重浪费。

4. 国际物流运送成本居高不下

(1)海运成本提高

2020年,在对外订单贸易逐步恢复过程中,中国海运需求激增导致货多仓少,集装箱供不应求问题日渐凸显,大幅提高了集装箱成本。在这一过程中,中国海运成本也随之提高。中国国际贸易促进委员会网站数据显示,受到集装箱数量紧缺的影响,中国到美国西线单个标箱费用从2019年的1 000美元涨到了2020年的5 000美元,甚至出现二手集装箱的单价上涨到5 000美元的案例。新浪财经数据显示,2020年年末,从宁波舟山港出发的21条国际运输航线费用屡创新高,美西线的高柜价格达到3 988美元,运价相当于同年2月1 669美元的2倍多。

（2）时间成本提高

在外贸订单复苏后，由于各企业复工复产周期较长以及订单量激增，物流企业的时间成本大幅提高。例如，2020年4月，苏州园区针对园区内企业的国际货运情况进行摸底调查，发现整段物流时间平均延长3～5天，其中，国外段平均延长5～7天，最终在一定程度上降低了中国国际物流所产生的效益。

（五）中国国际物流配套能力提升的创新路径

1.促进国际货运班列高质量运行

以中欧班列为例。对于中欧班列地区间同质化竞争问题，有学者建议由中国铁路总公司牵头，从宏观层面对中欧班列进行规划和顶层设计，开发和培育几条重点线路，把相关管理做成熟，防止各地方间恶性竞争，降低事故率，提升服务质量，提高客户黏度。对于峰值期贝位和正面吊不够用的问题，正面吊可以通过购置解决，但贝位不足是集装箱中心站的原始设计考虑不足，无法满足如今和未来的装车需求。建议港务区组建专业小组重新进行市场调研，基于当前和未来需求去增加贝位，改建堆场。对于换轨时口岸拥堵问题，可同时从技术层面和管理层面"双管齐下"去解决。技术层面可效仿内蒙古的"双轨制"运输方式，即双轨距铁路并存，采用调整轮对内距的方式，即两侧车轮的中间不是用一根车轴连接，而是分别在转向架轮轴轴承座上转动，以此来适应不同的轨距。在管理层面上，通过加强国家之间的合作和信息的互通，使我国和"宽轨国家"及时掌握信息，如进出口集装箱的数量和到岸时间，以便"宽轨国家"在口岸处存放足够的车板，供国际集装箱顺利换装。

2.多方协同提高集装箱周转效率

在中国近90%国际物流运输依赖于海运的情形下，解决集装箱短缺问题成为摆在中国国际物流运输面前急需攻克的"壁垒"。中国集装箱行业协会名誉会长麦伯良称，各方应相互协调配合，共同努力提高集装箱供给。首先，针对相关集装箱运输，国际物流企业应做好与境外企业的协调工作。中国国际物流运输企业应积极与境外合作伙伴进行沟通，催促境外合作伙伴借助复航船舶加速集装箱回流，快速运回集装箱，努力提升集装箱周转效率。并且中国国际物流运输企业可与境外企业做好错峰运输规划，提升国际运输效率，缓解中国国际物流运输集装箱紧缺状态。其次，相关集装箱国际运输港口应着力提高集装箱周转效率。通过优化到港空箱调配、快装快卸等方式实现集装箱高效周转。最后，相关集装箱生产企业应着重提高生产效率。企业可以通过拓宽原材料采购渠道、改进生产工艺、提升工人劳动技能等方式持续挖掘集装箱生产潜能，优化集装箱生产环节，保障集装箱订单准时交付。

3. 大力推进物流信息化建设

信息化是国际物流信息标准化的基础，构建高端国际物流信息产业链不仅可以大幅度提升国际物流企业货物管理水平，而且可以提升企业国际物流认知度。国家相关部门强调，应加强物流信息化建设，实现物流产业智慧升级。一方面，国家应大力推进国际物流设施建设。推进传统物流基建协同现代化物流基建并进，在大力推进港口、码头、铁路、机场、物流园区等传统基础设施建设的同时，强化国家物流枢纽、国家骨干冷链物流基地、数字化仓库等现代化物流基础设施建设。同时，要加强国际物流设施结构优化，推动物流设施互联互通，形成科学布局、技术领先、功能强大、安全可靠的国际物流设施网络，为国际物流信息智慧升级奠定基础。另一方面，推动实现国际物流产业各方联动，推进国际物流信息一体化建设。中国政府应充分发挥自身统筹功能，加大国际物流信息一体化建设资金投入，统筹国际物流业协调发展，推动国际物流信息一体化建设。中国物流业协会应以国际物流企业为导向，以国际物流市场为依托，做好各环节规划，研发国际物流信息一体化平台，保障国际物流技术与时俱进。中国国际物流企业应强化现代化信息技术的充分应用，将 GPS、GIS、大数据、人工智能等现代化信息技术充分应用到国际物流运输各环节，实现国际物流运输智慧升级。

4. 加强国际航运物流供应链体系建设

在外贸复苏背景下，我国很重视国际物流供应链体系建设。2020 年 3 月 26 日，国务院常务会议中指出，中国国际航空货运能力存在明显短板。5 月 14 日召开的中央政治局常委会再次强调，维护国际供应链安全稳定。因此，若要提高我国国际物流配套能力，使我国从贸易大国迈向贸易强国，应将国际航运物流供应链体系建设提上日程。一是建立航空货运专业化决策机构。航空公司应邀请航空货运企业、行业协会以及行业专家多方共同参与，组建"国家航空货运能力建设咨询委员会"专业化的决策支持机构。应赋予该机构实施顶层设计方案，制定专项政策、行业管理规定以及航空资源配置方案等职责，为建设国际航运物流供应链体系起到宏观指导作用。二是保证航空物流枢纽资源供给充足。关键物流枢纽地区应先设立"国际航空货运能力建设综合改革试验区"试点,再基于国家战略部署在试点上先行试验新设航线等创新性资源配置方式,为各区域航空枢纽提供充足的资源设施供给,进而有效推进当地货源的合理配置。

5. 优化国际物流运输收费政策

2020年6月,国务院办公厅转发的《关于进一步降低物流成本的实施意见》中指出,降低物流成本是一项周期较长的系统性工程,要想实现高质量发展,应调动多方力量联合发力。基于此,中国交通运输行业应大力推进降本增效工作,进而使中国国际物流配套能力得到有效提升。一是降低海上货物运输成本。大力推行大宗货物"一口价"运输,严格落实海运专线收费目录清单。落实海上货运价格以及收费管理规则,针对货运杂费项目实施定期收费减半政策,将运杂费收费率从3%降低到1%。二是降低公路通行成本。实施公路货车运输差异性收费政策,引导货车在道路拥堵时段和路段进行科学分流,有效提高物流运输效率。进一步强化高速公路省界收费站取消后的路网保障,大大降低货车所承担的额外通行费用。三是降低铁路航空货运收费。进一步优化中欧班列运输枢纽,落地实施中国国际货运班列"一干三支"多式联运示范项目,促进中欧班列多式联运服务建设,进一步降低成本。

四、众包物流

(一)众包物流的相关概念

众包物流,就是把过去由专职物流人员完成的物流配送任务,以自由自愿的形式外包给非特定的大众完成。这种物流配送模式可以有效利用社会闲散劳动力,同时降低企业物流成本。只要符合平台要求,任何人都可以在完成注册和线下简单培训后成为"网约配送员"。他们根据自己的地理位置、出行计划等信息自由抢单,完成物流配送任务,获取合理收益。

(二)众包物流的相关主体

与许多服务制造行业的传统物流企业不同,近些年许多服务于餐饮、商超、快递等细分行业的物流企业采用了众包模式,这类企业的服务对象一般没有确定的生产计划,且订单频次多、数量大、体积小。为了应对这样的变化,许多物流企业将传统物流企业的功能细分到多个主体中,自身经营策略演变成仅作为完整物流过程中的一个主体，各个参与主体只专注于自身领域的业务，各司其职地协作完成一个完整的物流过程。具体来说，各参与主体分类如下。

1. 支持方

支持方负责提供物流系统软件技术支持，保障线上系统稳定的专业化运行环境，使其更快更准。具体功能包含即时跟踪可视化、金融支付、大数据分析、运营系统的维护等。常见的这类企业包括阿里云、各类银行、银联等。

2. 订单方

订单方负责开拓订单业务渠道以及维护各个商家或其他配送业务需求方，为物流系统提供长期、大量的订单来源，从而为整个配送过程提供流量。常见的这类企业包括京东、天猫、美团等电子商务平台。

3. 运力方

运力方是实际订单的承运方，也是新式物流企业主要承担的角色，它们通过自建物流渠道或者运用其他的运力组织形式，完成需求方的配送任务直至将货品交到消费者手中，同时他们提供专业化的智慧路径规划、智慧拼箱等技术服务优化系统效率。常见的这类企业包括京东到家、点我达等。

（三）众包物流的运作流程

众包物流省去配送中的集散环节，网约配送员在众包平台上注册、审核成功、完成专业培训后便可参与到众包服务中，他们通过众包平台上的信息联系发包方与收包方，完成点对点的配送任务。众包物流的三大服务主体分别为众包物流平台、网约配送员和客户服务中心。众包物流平台的身份是"管理者"；网约配送员在整个众包物流配送中起着至关重要的作用，在众包物流配送中是执行者；客户服务中心相当于后勤管理部门，对服务起到补救的作用。众包物流服务的主要流程如下。

①抢单。网约配送员在众包平台抢单成功后，根据众包平台上提供的抢单信息反馈给发包方，发包方会收到订单编号、配送时间和取件时的验证码等信息。②取货。网约配送员自行联系发包方，核对寄件的物流订单信息，根据发包方的要求到指定时间和地点取货。然后网约配送员按照众包平台提供的最优路线赶往发包方取货，双发需核对订单信息，核对完成后将物品打包并将二维码发送至众包平台。③配送。根据物流的订单信息，网约配送员选择配送设备开始配送。④

投递。网约配送员根据订单信息到达收包方指定收件地点后,让收包方核对物品,确认无误后投递结束。⑤结算。网约配送员在系统上单击"配送订单完成",众包平台需要对其订单进行款项结算,支付给网约配送员合理的报酬,订单交易结束。

(四)众包物流与传统物流之间的区别

众包物流与传统物流既有区别又有联系。众包物流与传统物流之间的区别如表 3-1 所示。

表 3-1 众包物流与传统物流的区别

维度	众包物流	传统物流
实施条件	互联网	不仅限于互联网
参与对象数量	对象数量众多	对象数量有限
参与动机	自愿、功利性弱	积极、功利性强
合作对象稳定性	不固定	相对固定
服务物流特点	长短距离运输、配送	长短距离运输、配送
合作时间	时间短	时间较长
合作对象特点	小微物流配送企业甚至个人	大中型第三方物流企业
合作程序复杂程度	相对简单、便利	相对复杂、烦琐
效率	较高	中等
实施风险	风险较大	风险小

(五)众包物流的特点

1. 配送主体的广泛性

众包物流平台对社会公众开放,有参与意愿并且满足平台要求的社会自由人都可以成为自由快递人。平台发布物流配送任务之后,可能会有成百上千个自由网约配送员收到信息,这些配送主体可根据自己的地理位置和时间安排进行抢单操作,这就能够保证配送任务可以高效率、低成本地完成。

2. 配送行为的自主性

网约配送员在进行配送抢单操作时，可以充分考虑是否能够接受配送任务，兼顾自己的行程安排，对配送任务提供的报酬是否满意等，综合考虑这些因素进行自我意识驱动，决定是否接受配送任务。众包配送活动的进行可以契合网约配送员自身活动的安排和主动性，而不是对网约配送员进行强制性活动安排。

3. 配送组织的动态性

网约配送员在时间自由的情况下可以自主选择是否参与众包物流配送活动。与传统的配送方式相比，配送主体不受契约关系的限制，只要选择在平台进行实名注册，通过审核并进行简单培训就可上岗，当配送行为受到客观条件制约或者主观意识影响，网约配送员不愿意再进行众包配送活动时，就可以选择退出。这种模式用人流动性强，使得配送组织构成涣散。

（六）众包物流存在的问题

1. 标准化程度低

在传统的物流业中标准化问题尚未完全解决，众包物流相关标准更是少之又少。众包物流的管理、运作、实际操作、技术、设备、服务等领域同样需要标准化的规范。标准化程度低必然会导致管理运作混乱、服务水平无法保障、众包物流各个主体之间的合作与沟通障碍等问题的出现，众包物流的效率也会因此下降，不利于众包物流的可持续发展。

2. 缺乏相关法律法规

在我国，众包物流作为一种新兴的物流模式还处于发展初期，我国众包物流领域的法律法规几乎是空白的。当众包物流运作过程中出现问题时，基本都是参考物流方面的法律法规，或者是相关的政策文件。众包物流涉及的企业和个人之间的权利义务纠纷更加复杂，但是因为缺乏法律法规，在进行裁决时很难维护各个参与主体的利益。

3. 服务水平无法保障

众包物流从业人员从本质上来说属于"自由快递人"，很多人可能身兼数职，只是利用自己的闲暇时间提供物流服务，或者是一些社会闲散人员，但是从构成来看，这部分人是众包物流从业人员的主力军。大部分平台对于众包人员的要求不高,一般年满 18 岁、拥有一部智能手机即可报名,男女不限、门槛低、时间自由,经培训后即可上岗。和专业的物流人员相比专业性更弱,存在的差距也很大,服务水平更是无法保障。目前,因为众包人员离职率高、众包平台急于扩大市场份额,在对"自由快递人"的资格审查方面并没有给予足够的重视,承运人缺乏物流专业化的培训,容易引起社会安全问题。

4. 行业进入门槛低,竞争激烈

众包物流以轻资产作为切入点,前期投入少,行业门槛低,又处于发展的初期,模式容易被复制,越来越多的企业投入资金及先进的技术进入众包物流市场,在竞争加剧的同时,可能会出现市场饱和的情况。例如,从 2014 年首家众包物流平台人人快递开始,陆续出现达达、闪送、极客快送、蜂鸟即配等多个平台,竞争非常激烈。

(七)众包物流运作模式优化方案

1. 制定相关标准

在制定相关标准时,政府相关部门应起到积极的引导作用,并加强宣传,及时掌握行业标准动态,不断完善适合我国众包物流发展的标准,为众包物流的发展提供助力。相关部门在制定标准时,不仅要立足国内实际情况,还要着眼于国际,充分借鉴发达国家成熟的经验及先进技术,参考国内外先进标准和标准化方法。另外,政府相关部门还应建立人才激励机制,培养一批熟悉众包物流业务、具有跨学科综合能力的人才,更好地发展众包物流。

2. 建立规范化的服务体系

顾客满意度是影响企业竞争力的关键因素,因此众包企业要完善其物流服务体系,提高众包承运人的专业素养,进而提高众包物流企业的形象。众包物流企业应积极行动起来,开展业务培训,建立健全的问责机制,保障承运人、众包平台及用户的权益。如蜂鸟众包会定期为骑手进行一些线上或线下的培训,还会跟许多线上教育平台合作,定期更新培训试卷,及时了解骑手的专业素养。这些培训的目的是为骑手提供送单技巧,同时还能解决服务时遇到的困惑和问题。定期培训可以相应地提高众包从业人员的服务水平。

3. 提出差异化竞争战略

目前市场中的众包物流企业提供的服务大同小异,区别并不明显,属于同质化竞争，再加上物流企业也在根据配送问题进行不断改善，提高面向用户的终端配送服务水平，物流企业的竞争越来越激烈。在这样的背景下，许多平台采取低价格的竞争策略，但是低价格可能会导致企业利润减少，还不能保证会增加用户与企业之间的黏性。所以众包企业应考虑本企业的特色及基本情况，结合社会需求，推出差异化、个性化及创新性的众包服务，增加企业的核心竞争力，实现可持续发展。

五、即时物流

（一）即时物流的概念

即时物流是 Just In Time 思想应用到互联网时代 O2O 业态后的物流形式，通常表现为同城 1～5 公里的地域范围、0.5～3 小时的配送时间。即时物流是完全按照用户突然提出的物流要求进行物流活动的方式，是一种灵活性很高的应急物流方式。相较于传统物流，即时物流的核心特点在于即时性，即满足用户提出的极速、准时的配送要求。因此，传统物流可以采取固定时间配送和揽收，即时物流则需要第一时间配送订单，即时物流的平台要保证有足够的运力来匹配订单任务。

（二）即时物流的发展历程

我国自改革开放以来各方面发生了翻天覆地的变化，特别是近些年，一些实践的发展超越了系统理论的研究。例如，社会化媒体营销、直播、流量、共享等，包括即时物流也没有形成独立的系统的理论研究。2009 年，点我达的创始人赵剑锋最早提出即时物流的概念。它是一种配送的物品不经过传统物流的中转、仓储等环节，直接由承运人配送到消费者手中的模式，运送时长通常控制在 2 个小时内。这也被称为即时物流 1.0。经过十年的发展，关于即时物流的研究增多，概念也更加完善。即时物流本身对信息技术和物流数据的依赖性也更高了。即时物流是指根据客户提出的物流要求，基于大数据通过实时全局调度运力的方式匹配客户需求而进行物流活动的一种方式。其特点是基于大数据，依靠技术驱动。这也被称为即时物流 2.0。传统物流运营方式采取固定时间揽收，统一中转和分拨，最后进行派送服务，而即时物流则需要在第一时间揽收和配送订单，这就需要即时物流平台保证有足够的运力来匹配订单任务。

即时物流最早始于 2008 年，目前已经发展成熟。以 2008 年曹操跑腿为发展起点，而后人人快递、达达、闪送、风先生相继成立。这个阶段是即时物流发展的初始阶段，也称萌芽阶段。此阶段的发展特点是订单规模小、以跑腿为主。2015 年，美团、饿了么和百度外卖三大外卖平台自建物流，餐饮外卖 O2O 与即时物流迎来高速发展阶段。此后，京东到家与达达合并，饿了么与点我达战略合作，顺丰和圆通陆续推出即时物流业务，各参与者进入发力阶段。该时期，即时物流订单量从 2015 年的 27.7 亿单快速增长至 2017 年的 92.5 亿单。这个时期是即时物流的高速发展期，其特点是外卖订单爆发式增长，市场规模向千亿元大关逼近。2018 年以来，我国即时物流业的平台运营模式已经较为完善，行业从龙头竞争走向寡头竞争，时效和客户服务需求得到较高提升，行业已进入成熟阶段。在该阶段，即时物流业订单和规模仍保持稳定、快速增长，这个时期是成熟稳定时期。

就即时物流发展现状来看，现在我们处在即时物流 2.0 的时代。2.0 的时代相较于 1.0 的时代客观上更具有优势，资源得到更高效的配置。即时物流的 2.0 时代之所以能够实现，离不开以下因素：①在覆盖范围有限的客观情况下，在有限区域内能够得到响应，并借助物联网、互联网等技术支撑，使客户以及涉及的资源单位能够广泛建立联系，实现位置的监控。②拥有庞大的平台，使工序能在平台上实现有效对接，以满足距离和个性化要求，再使配送任务发生。③众包模式下的低价劳动力红利。④城市基础设施和便捷的交通工具。⑤移动互联网的快速普及应用。⑥强大的人工智能，使得在平台上实现有效的订单合并，通过共性的匹配提高效率。

（三）即时物流平台的类型

即时物流平台指的是消费者通过平台线上购买商品或服务，平台确认需求后，通知线下商家或门店备货，同时组织调度不同的运力人员去线下商家或门店取货后，在几小时或者几十分钟内将商品送达消费者手中。即时物流平台既可以是商品的提供方，也可以是物流配送服务的提供方。

消费者可以在即时物流平台购买商品。消费者在平台线上下单购买商品，即时物流平台确认需求后，通知平台线下商家或门店备货，并根据不同需要，组织调度不同的配送人员去线下商家或门店取货，然后在几小时甚至几十分钟内将商品送达消费者手中。消费者收到商品后，可以对商家或门店以及配送人员的服务进行评价。在此过程中，即时物流平台既是商品的提供方，也负责组织运力完成配送任务。

消费者可以通过即时物流平台购买运力服务。消费者购买的运力服务指的是消费者由于自身情况或为节省时间等，需要的代买、代送、代排队等服务。消费者在即时物流平台下单，平台接单后，负责组织运力完成消费者所需的代买、代送、代排队服务，消费者享受服务后可以对即时物流平台和运力人员进行评价。在此过程中，即时物流平台不再是商品的提供方，而只是运力服务的提供方。

显然，无论消费者是通过即时物流平台购买商品还是运力服务，即时物流平台都需要组织一定量的运力完成商品配送或提供服务。为了保证即时物流平台的长期稳定运营，确保能够及时响应顾客需求，满足即时、准确的配送需求，平台需要合理配置运力人员数量。

随着即时物流的快速发展，涌现出了大量的即时物流平台，如美团外卖、百度外卖、盒马鲜生、超级物种、点我达、蜂鸟配送等。同时，部分传统快递企业也开始布局即时物流服务。按照所在领域的不同可以将现有的即时物流平台分为两大类，分别是外卖即时物流平台、零售电子商务即时物流平台。同时，专业第三方运力企业和传统快递企业也已加入即时物流行列，主要承接即时物流配送工作。

外卖作为即时物流的发起点，经过几年的快速发展，现已成为人们日常生活的一部分。外卖即时物流平台上入驻了海量的线下商家，顾客根据个人喜好，选择想要的餐食下单后线上支付，商家接单后开始备餐，同时，平台通知配送人员接单，配送人员确认接单后到商家取货，配送人员完成配送，顾客收货后可以对商家和配送人员的服务进行打分。其缺点是顾客可选择的商品种类以餐饮类为主，顾客对增加商品种类的需求呼之欲出。

随着O2O的快速发展，以餐饮为主的外卖配送运作模式被移植到了零售电子商务领域，典型的代表有京东到家、超级物种、盒马鲜生等。零售行业的加入，极大地丰富了顾客的可选商品种类，同时，区别于传统网购要等待2～3天才能收货的情况，顾客可以在几小时甚至几十分钟内收到货物，而且顾客还可以选择指定送达时间，极大地提高了顾客购物体验满意度。即时物流的核心特点在于即时性，为满足用户提出的极速、准时的配送要求，即时物流需要在第一时间配送订单，因此需要有足够的运力来完成配送工作。专业的第三方运力服务即时物流平台应运而生。第三方运力平台不提供商品，主要负责招募、培训、管理运力人员，为其他平台或顾客提供运力服务。外卖、零售类即时物流平台可以与第三方即时物流平台签订协议，前者通过支付一定薪资获取所需的运力服务，后者通过提供运力人员赚取酬劳。典型的第三方运力即时物流平台有点我达、闪送、UU 跑腿等。与此同时，传统的快递配送企业，如顺丰、韵达、圆通、中通等，都开始布局即时物流配送服务。从业务场景看，即时物流应属于同城物流配送范畴，但其高时效、不中转的运作特点，又决定了即时物流与传统物流有着本质的区别。传统快递企业借助其现有的同城配送服务网络，入围即时物流配送市场，如顺丰的同城急送、圆通的计时达、韵达的云递配等。

（四）即时物流发展中存在的问题

即时物流业属于近几年兴起的新行业。在我国即时物流业的发展过程中，主要存在如下问题。

1. 骑手配送时间紧张，造成交通安全隐患和人身安全隐患

在即时物流实践中，常常出现配送骑手因配送时间不足而导致的交通违章、交通事故等情况。有骑手表示，若因配送超时被投诉，将受到来自平台 200 到 500 元不等的罚款；但若违反交通规则，首次违章仅仅会被批评教育，即使是累犯被交警抓到后，针对违章的罚款也不足 200 元。因此，很多骑手宁可闯红灯、超速或逆行来加快配送时间也不愿意因超时被投诉。这样权衡利弊后做出的决定虽属于骑手生活所迫下的无奈之举，但对道路交通安全造成威胁，不只对骑手，更是对道路上所有人员的人身安全造成威胁。

2. 即时物流发货地去中心化程度高，带来物流的高成本

在 C2C 模式和 B2C 模式中，B2C 模式往往是中心化的，通常由一个仓库或商超集中拣货、发货，再进行配送。但 C2C 模式往往是去中心化的，是由多个发货人到多个收货人的物流配送过程。在当前多家即时物流公司竞争的市场格局下，这样的过程难免会增加物流成本、浪费物流资源。比如，有时能观察到从同一个商家卖出的商品由不同的即时物流公司和不同的骑手送到同一个收货地的现象。这种现象浪费了社会的整体物流资源。

3. 货物质量和服务质量无法保证，物流风险大

从货物的地理位置上看，即时物流主要分几个阶段：商家／发货人阶段；配

送骑手阶段；顾客/收货人阶段。从货物质量角度来看，若顾客拿到的产品出现质量问题，存在商家发货前就出现问题的可能，也存在配送过程中出现问题的可能。如果出现产品质量问题导致的安全事故，就难以分清商家和配送骑手的责任归属问题。从服务质量上看，留给配送骑手的配送时间往往非常紧张，容易导致骑手的负面情绪，而在骑手紧张焦虑的情绪下，服务质量出现波动的风险较大。

（五）解决即时物流问题的相关措施

针对以上问题，只有相关部门、业内企业、行业协会等各方合作，解决好这些问题，才能使即时物流业更好更快地发展。

①出台相关法律法规和政策措施，将即时物流业纳入监管。2020年，"网约配送员"已加入国家正式职业列表，这一新兴职业需要及时纳入监管。只有进行有效的监管才能使行业发展中的众多乱象得到规范。目前国内已有的一些相关政策和措施包括：2018年，深圳市发布即时物流业车辆要求及规范标准；2019年4月15日实施的电动车新国标规定，电动车的最高设计速度将小于等于25公里/小时；2019年10月14日，中国物流采购与联合会官网发布了《即时配送服务规范（征求意见稿）》行业标准；2019年12月，7家即时物流企业在北京签署《交通安全守法承诺书》等。未来，我国将有更多的法律法规、政策措施、行业标准等相关文件出台以规范即时物流业。

②构建即时物流信息共享平台，整合不同平台的信息和资源以节约成本。针对不同平台之间的派送重复路线问题，可以构建一个类似企业协同物流或菜鸟联盟的即时物流信息共享平台，使现有的不同平台之间的物流信息和资源得到整合。该平台可以借鉴企业协同物流和菜鸟联盟的设计思路，将打通"最后一公里"和节约物流成本作为主要目标，以不同即时物流企业之间的订单共享为基本方法，还可以兼顾员工的借调和物流设备的租用等多种功能。

③推进物流保险的探索和普及。即时物流公司可以与保险公司合作，推出针对配送骑手和所配送货物的保险产品，不仅能保障骑手的人身安全和货物的财产安全，还能在此基础上获得一定的保费收入。早在2017年，申通、中通、韵达、圆通就共同出资10亿元联合设立了物流保险公司。2019年，顺丰控股全资子公司与太平洋保险签署《战略合作协议》。2021年年初，中通、申通、菜鸟裹裹等物流企业纷纷向物流保险方向发力。中通快递携手太平洋保险，推出"小哥宝一团意险"人身意外伤害保险；申通快递也联合保险公司推出几款面向基层网点的

保险产品；菜鸟裹裹也向快递员送上了抗疫免费保险，最高可获 10 万元赔付。与物流业相同，即时物流业也属于劳动力密集型产业，在较大的人口基数下，物流保险的探索和推广将带来切实有效的作用。

④加强岗前教育培训，健全服务指标体系。针对服务质量波动的问题，可以由骑手所属企业定期对骑手进行培训教育和心理辅导，提高骑手的安全意识和服务意识，设计服务指标体系以考察每一个骑手的服务质量，力争以较小的成本获得稳定的服务质量和用户口碑。

六、智慧物流

（一）智慧物流的概念

智慧物流源于"智慧地球"一词。王继祥基于物联网技术在物流业应用与发展的背景首次提出"智慧物流"的概念，并从物联网技术角度对智慧物流进行了定义：智慧物流，指的是基于物联网技术应用，实现互联网向物理世界延伸、互联网与物流实体网络融合创新，实现物流系统的状态感知、实时分析、精准执行，进一步达到自主决策和学习提升，成为拥有一定智慧能力的现代物流体系。王之太在此基础上将管理的思想加入其中，认为智慧物流是将互联网与新一代信息技术和现代管理应用于物流业，实现物流的自动化、可视化、可控化、智能化、信息化、网络化的创新形态。这些概念都着重强调物联网技术对于智慧物流的影响，而随着人工智能时代的来临，有学者将人工智能的概念融入了"智慧物流"概念之中。何黎明将智慧物流定义为以物流互联网和物流大数据为依托，通过协同共享创新模式和人工智能先进技术，重塑产业分工，再造产业结构，转变产业发展方式的新生态。

（二）智慧物流的特点

1. 实现网络全覆盖

在"互联网+"时代，现代化信息技术已经广泛应用于物流运营当中，由此智慧物流应运而生。经过了长期的投入以及深耕细作，我国已经完成了首个大件物流"智慧仓"，并且通过团队、系统、资本以及网络等多方资源的有机整合，建设出了能够将各种综合服务全面覆盖的网络体系，其网络服务流程为

"仓储—干线—配送—最后一公里"。另外，智慧物流凭借其更高效、专业以及简约等优点，拥有了"日处理百万件"的物流服务能力，进而全面推进了"进村到户"的配送模式，打破了传统物流运输"最后一公里"的桎梏，实现了网络全覆盖。

2. 云仓云配定制化

与传统的物流运输不同，智慧物流与消费者直接接触，并主要服务于人与仓，其追求的目标是在最大程度上满足用户以及订单需求的前提下，尽可能地使用最少的仓——既能够简化配送流程，又能够有效降低物流成本。同时，相关数据显示，将货物配送至离用户最近的仓，可以有效压缩配送时间，使用户能够在第一时间接收到货物，进而全面提升其消费体验。另外，智慧物流系统能够对货物以及运输车实时追踪与定位，确保用户能够实时了解货物的动态；并且智慧物流还能够提供多种一体化的解决方案与措施，有效降低供应量成本。

3. 四网融合优化体验

智慧物流将四网融合作为物流共享服务的核心竞争力，其中的"四网"为即需即送的配送网、即时交互信息网、覆盖到村仓储网以及送装一体服务网。四网融合不仅能够为用户提供一体化、全品类、全渠道的物流服务，而且能够为用户打造出全流程最舒适的购物体验。另外，智慧物流在现代化信息平台的合理规划以及支持下，通过整合服务网点、运输车以及智慧仓等资源，逐步形成了能够为多个省市或区县用户提供送装同步、按约送达的多条运送班车循环专线。

（三）我国智慧物流的兴起

2009年，国务院发布《物流业调整和振兴规划》，其中强调推进企业物流管理信息化，提升信息技术在物流业的广泛应用。2010年，在温家宝总理的支持下，物联网成为两会热门话题，随后政府出台了一系列的物联网发展政策文件，为智慧物流的兴起提供了良好的基础条件。2011年，《国务院办公厅关于促进物流业健康发展政策措施的意见》再次强调，加强物流新技术的研究与应用，发挥地理信息系统等关键信息技术，更好地实现物流信息化。

智慧物流的发展，除国家大力推动"互联网+"物流业发展外，新商业模式的出现更是主要推动力。2009年11月11日，天猫举办了首次网络促销活动，虽然参与店铺数量与力度有限，但仍取得了超过预期的效果，并在今后的连续几年形成了全球最大的网络购物狂欢节。更大的消费需求，对物流业提出了更高的要求，迫使物流产业升级，从而为智慧物流的发展提供了内生动力。

政策的推进和新商业模式的动能，促进形成了平台与物流企业不断创新的局面，地理信息系统、物联网、自动化、可视化等核心技术快速发展，并逐步应用到物流技术中，为智慧物流的兴起提供了技术支持。多家物流企业和互联网平台蓬勃发展，中国的物流业开启了智慧物流时代。

（四）国内外智慧物流的发展现状

1. 国外智慧物流的发展现状

目前，美国及日本等发达国家智慧物流产业发展良好。总体来说，发达国家智慧物流发展现状如下。

①发达国家不断创造优良的交通运输网络环境，注重打通物流通道，多式联运发展迅速，为智慧物流的发展提供了优良的基础设施及稳定环境。

②国外企业积极开发先进的物联网技术，为智慧物流的发展打下了坚实的技术基础。

③发达国家的物流信息化基础设施及公共信息平台功能强大，完善性突出。

④发达国家全面规划物流园区，将其作为物流集疏载体，并运用运输网络及信息网络，为智慧物流的发展提供了条件。

2. 国内智慧物流的发展现状

（1）发展智慧物流的现有基础

①为了促进智慧物流的发展，我国实施了相关政策，加大了对智慧物流基础设施的投资，启动了智慧物流示范性项目。

②在物流领域，互联网技术的应用日益深化，智慧物流应用经验持续丰富，如物联网技术在医药、农产品、食品、烟草等产业领域的应用，包括商品跟踪、识别、咨询、信息采集等。

③物流工程的可视化智能管理网络系统首次被应用，智慧物流信息平台的建立和智能终端网络的应用确保了物流作业的透明性和视觉管理，智慧物流中心的建立实现了商业流程、物流、信息流、资本流的综合调整，同时控制物流运作和建立自动运行网络的智能供应网也在尝试。

（2）发展智慧物流的制约因素

智慧物流是处于初级阶段的新型物流，现阶段还面临一些问题。

①广大民众对智慧物流不熟悉,不了解其性质和特点。
②社会各界对物流的发展具有本位主义。
③物联网技术在物流领域的使用成本高,部分关键技术发展不完善,因此应用不广泛。
④发展智慧物流的人才、技术、设备等资源不足,导致其发展基础不完善。

(五)我国发展智慧物流的意义

1. 提质增效

在"十三五"规划引领下,我国在2016至2020年进入全面深化改革的进程中,提质增效成为发展的主旋律。物流业在智慧物流的带动下,完美契合改革的主题,提质增效显著。具体而言,人工智能降低人力成本;智能化企业物流中心提高运转效率,降低仓储成本;智慧供应链的应用,提高服务质量,降低行业成本。

2. 人工智能与万物互联

智慧物流中的"智慧"与"物流"是相互促进的,高新技术推动了物流业的发展,物流业新的需求反过来刺激了高新技术的进步。产品智能追溯系统,为每一个产品打标,每件产品都能够寻根溯源,让产品的监管更加简单,市场的产品更加安全。可视化智能管理系统的应用,让物流产品的流动可视化,用户可以随时查看产品的路径和实时动态,提高用户体验。物流信息数据化、智能化,进一步提高了企业物流效率,降低成本。无人机、分拣机器人、配送机器人、智能物流柜等技术越来越成熟,形成了我国智慧物流的特点——人工智能与万物互联。

3. 协同创新与资源共享

智慧物流的发展,使企业间的战略联盟与跨界合作不断深化。例如,2016年菜鸟网络联合多家快递形成菜鸟联盟,提高了物流效率;菜鸟网络联合网商银行,上线物流供应链金融产品,通过大数据打通存货与销售的授信;中国铁路公司与海尔集团形成合作,开放海尔电器特需专列等。"互联网+"高效物流模式,从仓储、运输到配送直到末端基础设施共享,平台、仓库、铁路、商家等发挥各自的优势,形成了我国独有的物流商业新模式。

4. 节能减排与绿色发展

智慧物流与绿色物流是相辅相成的,"十二五"期间,交通运输部开启了甩挂式运输的尝试，降低单位运输能耗；物流车辆改用新能源汽车，实现节能减排；快递包装改用绿色包装，关注绿色环保可持续。物流业的领军企业已经在绿色物流上做了很多努力和尝试，智慧物流巩固了绿色物流的成果，与绿色物流融合，推动绿色物流的发展。

5. 智慧物流的现实应用

智慧物流在现实领域，减少供应链条上各领域的浪费是其重点关注的问题，实现端到端的互通性与可见性是智慧物流的普遍特征。通过大量研究可知，对供应链上物流过程的可见性与突发事件的及时通知是达到物流浪费最小化的关键。企业需要与供应链上游供应商、下游客户之间一同采取及时、可行的方案来优化整条物流链的工作效率，供应链上的各关联方对彼此在需求、供应等方面的运营状况越明悉，就越能消除物流运作过程中产生的浪费。如果要确保实现端到端的互联性、可靠性与可见性，合适的技术与信息工具必不可少，企业需要有效地利用好技术工具使其发挥实际作用。下面是在企业实践中使用效果良好的智慧物流应用。

① VMI 供应商库存管理。针对终端用户与其上游供应商间的合作，双方可以通过技术手段最大化获得产品的实时信息，包括订购、在途、在库储存。供应商可以根据客户提供的需求输入，监督在途及仓储的库存情况并自动补充用户所需。采用 VMI 库存管理模式，可以明显有效地降低库存数量，减少呆滞库存的产生，从而提高企业资金使用效率。用户和供应商在这个框架内形成持续的互相监督的模式，继而达到持续改进的效果，不断提高客户满意度和库存周转率。这是智慧物流的典型体现。

② WMS 仓库管理系统。WMS 是信息管理技术发展出的管理系统，其核心是用计算机大脑来管理仓库，用大脑构建出的智能化逻辑关系来引导仓库的操作。大脑通过对日常收集到的基础数据进行分辨、整合、抽取、分配后输出决策，仓库操作者可以按照预先对智慧大脑设定的规则和功能模块来准确了解仓库的实际变化，尤其在库存量的掌握上，保证了数据的实时性和准确性，很容易就能同时满足库存盘点、输出报表、内部各职能部门间的数据流联通、与外部供应商实现信息互联共享等需求。通常，在复杂的仓库体系中，传统物流的操作方式往往避免不了大批量的人工作业，随着仓库管理系统的兴起，RFID 无线射频识别技术应运而生，此技术是利用无线射频信号自动识别和读写相关数据的自动识别技术，是 WMS 的辅助和优化扩展。当物料入库时利用手持终端扫描并记录物料的

存放位置，将记录信息上传至 WMS 数据库中进行管理；当出库时，仓库管理人员可以快捷准确地找到所需货物，再次利用手持终端器读取并将出库信息传输到 WMS 数据库。这样保证了库存的准确性和实时性，很大程度上减轻了仓管人员的工作量。

（六）我国智慧物流发展中存在的问题

目前，我国智慧物流在业界的运用已经取得了显著的成果，比如物流运作信息化、供应链协同智慧化、物流作业智能化以及物流信息平台实现互联互通。但相关研究指出，智慧物流领域尚存在以下几个方面的问题。

1. 智慧物流管理体制机制不健全

智慧物流与交通运输、信息技术等众多行业领域关联性较强，行政管理部门的规章制度的完善性同时也影响着智慧物流的业务流程管理。郑丽秋提出，我国智慧物流受到各个部门的影响，但是一些行政部门之间或存在各自为政的现象。由此看出中国智慧物流管理体制仍然存在一定缺陷，部门之间存在行政壁垒。王之泰、况漠等指出，我国还存在智慧物流内部管理机制不健全、基础设施差等问题。

2. 物流企业智慧化程度低

目前，许多物流企业在转型升级的过程中，构造智慧物流系统并融入了物联网技术。张春霞等指出，我国智慧物流企业存在规模小、布局散、管理乱、管理人才缺失的问题，所以资源配置得不到优化，比较难形成一定规模的市场，如果缺少龙头企业的带动，产业集群的形成也比较困难，并且由于相关人才、资本、管理信息技术应用水平不高，即使引进相关技术，相应的基础设施建设也存在一定的问题。

3. 多式联运相对落后

由两种或两种以上运输方式完成的运输过程称为复合运输，即多式联运。我国在多式联运领域起步比较晚，和发达国家相比还存在一定的差距，多式联运在运输中所占比重较低。揭昊指出，粤港澳大湾区多式联运运作模式的使用程度不高、管理理念相对落后，并提出通过多式联运与国外完美衔接，有助于我国物流业走向全球化。郭云、陈汨梨等通过分析指出，多式联运可以充分发挥铁路运输的优势，有效缓解物流服务压力，综合物流成本也将降低。

4. 物流信息标准体系不健全

智慧物流的广泛运用需要以实现物流信息标准化作为支撑，这就要求在数据接口、编码、文件格式、电子数据交换、全球定位系统等相关代码和协议方面制定统一的标准，方便各个企业之间的沟通交流。何黎明指出，我国智慧物流运输渠道受限，标准不统一，如果想长远发展智慧物流，首先就要有一套完整的信息标准化流程。姜大立等指出，我国企业信息化标准体系建设不足，很多平台和信息系统遵循各自制定的规范，导致"各自为阵，圈地服务"的情况比较普遍，整个智慧供应链体系中出现"信息孤岛"。因此，我国还需要不断完善当前的智慧物流体系。

5. 信息安全水平低，缺乏保障技术和机制

由于标签成本的限制，RFID集成电路的复杂性受到限制，不能采用非常复杂的数据交互认证协议。魏际刚指出，我国物流业信息安全水平较低，快递信息泄露时有发生，存在内部人员以权谋私的情况。由此可见，信息安全难以得到保障。张国伍、徐春等指出了信息安全的重要性，面对诸多市场变化、信息安全技术不到位等情况，无法把物流资源充分利用起来，带来信任缺失、信誉下降和违规等风险。

6. 商业模式不成熟

虽然物联网行业具有较好的发展前景，并且企业应用物联网技术的积极性较高，但是我国在物联网技术的研发和应用上仍处于初级阶段。刘涛指出，近年来，国家鼓励发展电子商务等新兴产业，但很多企业的商业模式还不成熟，目前更多的是依靠补贴来争夺用户，然后通过后续使用流量和相关衍生业务维持运营。然而，这种单一的模式缺乏真正的创新产品。张敏洁、俞彤晖等提出，对物流新商业模式多元化的探索有助于健康、高效地推进智慧化转型。

综上所述，我国智慧物流的管理体制机制还有待完善，物流企业的智慧化程度有待提高，多式联运需要进一步提升，物流信息标准体系需要完善，信息安全水平有待提高，商业模式有待成熟。保证物流自由化、统一开放的标准和模式，这是智慧物流大规模发展的关键因素。

（七）智慧物流的发展策略

1. 为智慧物流的发展创造良好的环境

在智慧物流的开发过程中，政府的主要责任是为其创造良好的环境，引导整个产业的发展。①以城市为基础，规划、设计、开发、建设智慧物流的公共服务内容和通信设施，为物流信息的相互链接创造环境。②培养和支持国内外竞争力较强的知识物流企业，整合智慧物流资源，形成智慧物流开发载体。③加快完善物流企业的层次分工，促使智慧物流企业与其他物流企业的和谐发展，引领智慧物流产业系统的形成。

2. 推动智慧物流技术的研发推广

①政府直接组织智慧物流技术的研发和推进，或进行战略性研发和跟踪，通过市场操作应用于物流业。②政府以标准建设为中心，挖掘物流业在不同产业和领域的一般特性，促进智慧物流技术的研发与合作。③从国外吸取先进经验和教训，结合我国的实际情况，制定适合我国实际情况的物流标准和信息标准。

3. 加大对智慧物流的投入

智慧物流是技术含量较高的新型物流模式，在发展中最重要的一项投入就是科技。为此，政府可从以下几个方面做起。①加大技术方面的经济投入，尤其是信息化、数字化、智能化的投入，争取在分拨中心实现全程无人化操作，并实现技术创新，构建技术壁垒。②加大基础设施投入及智能科技研发力度，将之作为重点投入项目，推动物流业务的数字化改造。③重点在"车联网/货联网""智能仓储""供应链解决方案"等领域开展深度合作，增加无人配送车及无人机等技术的投入。

4. 加强整个物流产业的融合发展

发挥产业的推动性作用，抢占智慧物流战略制高点，为物流业的转型升级提供基础性保障，离不开整个物流产业的相互合作及融合发展。①对标先进地区，跨地区、跨行业构建规范性强、开放共享的物流标准体系框架，搭建车辆主动安全监控系统、物流运输管理系统等多个物流平台。②由物流企业牵头，整合行业资源，积极培育产业主体，重点打造物流领军企业，引导及支持智慧物流管理系统的逐步完善，发挥采集、处理及分析车辆运输全数据的推动性作用，一旦发现异常数据，及时预警及调整，提高物流服务的高效性。③借助智慧物流技术，进行跨地区物流信息交换，进一步拓展物流产业关系，实现经济合作，形成物流产业与其他产业相互合作的共同体，在原有基础上增强物流产业的推动力。

5. 发挥物流企业的主导作用

①物流企业作为推动智慧物流发展的先行军，应紧跟时代发展趋势，抓住发展机遇，高效应用智慧化的仓库物流技术，改变落后的仓储技术格局，提高物流的信息化及智能化水平。②灵活应用二维码及无线射频识别等技术，保证商品信息录入的精准度，根据实时物流信息调整库存，提高物流管理的智能化能力，形成主导性作用。③带动并推广新型货物搬运设备及分拣技术的应用，促使仓储物流管理与终端零售企业、生产制造企业的有机结合，确保物流信息在上下游产业中精准对接，进一步提高货物调度速率。

6. 完善信息化标准，发展智慧物流业务体系

①全面加强信息化建设。进一步增强对智慧物流标准化的建设力度，确保物流体系的信息化建设能跟上时代步伐。善于利用和学习先进的人才管理、组织、技术运用等新模式，完善相应的物流信息管理系统，特别需要加大对电子商务信息系统的支持，有效开展智慧物流活动。物流是基于整体流程的订单处理、仓储、运输和配送为一体的工作，智慧物流可将这些流程全面智能化和数据化，并在信息基础上完善相应的供应链管理工作，以此使物流各环节都实现智能管理协同，提高效率，降低相应的成本。为了进一步实现智慧物流目标，企业应该引入信息化标准体系，打造更加符合现代物流发展趋势的模块，并在物流关键技术、关键流程等方面实现标准化。就具体实施方面而言，中小企业首先应该引入相关技术进行自身相关设备和流程的创新升级；其次，完善标准建设，特别是在物流编码、安全管理、运作流程、产品托盘编码等相关方面，实现标准量化与统一；最后，要构建数字化的信息基础，在条形码、无线射频识别技术等方面统一物流技术信息。

②建立完善的物流电子支付和网络安全体系。网络交易涉及各个方面，特别是涉及的交易资料众多，因此面对众多的安全防护与技术问题，需要政府不断推动商业银行的网络化发展，链接上各种网上银行，全面加快网络安全防护体系的建设，打造工业互联网安全防护墙，确保电子支付安全进行。

③针对物流以及运输配送中的问题，政府要加大相应的基础设施建设，从整体上提升基础物流平台运行效率，确保企业自身智慧物流能有效带来经济效益。从企业层面看，应该强化电子商务配套的配送服务系统建设，同时根据自身的销

售情况，积极探索同第三方物流合作，确保建设独立或者依托性的物流运输配送体系。在运输过程中，实施智慧物流的策略包括对订单运输的收发、包装以及配送过程和服务实现智能化、一体化，进而快速提供服务，提升效率，具体而言，可以利用关键技术与设备，比如 GPS、GIS、RFID 等，实现设备的智能调度与智能控制。

7. 注重智慧物流人才培养

①全面提升学生的综合素养。学生综合素养的提升一直以来备受关注，教师需要始终坚持学生的中心地位，了解学生的个性化发展需求，围绕学生开展相应的教育教学实践活动。与其他专业相比，物流专业人才培养工作的难度相对偏高，对教师是一个较大的挑战及考验。智慧物流的进一步发展使该专业的人才需求以及培养目标产生了明显的变动，学校需要以专业的进一步细分为依据，明确具体的人才培养方案。对于智慧物流方向来说，学校可以以物联网、大数据智能设备的应用和分析为切入点，精心设置对口课程，主动引进最新最前沿的智能设备，给学生更多参与实践的机会，全面提升学生的综合素养。对于供应链方向来说，在党的十九大报告中明确强调了现代供应链发展的相关要求；学校则需要着眼于新的培育策略以及人才培养要求，主动调整自身的教育教学方向以及人才培养方案，始终坚持对症下药，真正实现不同教育资源的合理配置，为学生的个性化成长以及综合素养的提升保驾护航；学生个人也要主动抓住学习和提升的机会，积极调整自身的发展模式，全面实现个人的综合成长。

②始终坚持与时俱进。与时俱进不只是一种经济发展理念，在推动教育教学体制改革的过程之中，与时俱进实现了与教育教学工作的有效融合。这一理念有助于推动整体教育教学工作的顺利开展，促进教育资源的灵活利用，充分彰显了现代化的育人理念。教师需要始终站在宏观的角度了解时代发展的具体现状，根据学校目前的教育教学环境以及条件，主动调整教育教学模式。

在信息化和科技化时代下，物流企业的发展速度越来越快，智慧物流对物流人才的培养要求越来越高，学校需要着眼于这一时代发展的具体变动，基于政策的需要，明确不同的教育教学改革要求，探索出一条全新的教学思路，主动调整学科教学的策略以及内容。从微观的角度来看，物流专业人才培养的综合性比较强，为了实现与时俱进的教育理念以及人才培养理念，教师需要将营销学、管理学融入其中。在具体实践时，专业教学有可能受到外部因素的负面影响。因此，各大院校需要注重实事求是，通过综合考量及分析灵活调整教育教学思路及方向，确保对症下药，促进各类教育教学活动的顺利开展。

③深入剖析岗位需要。物流专业教育教学改革工作的系统性和实践性比较强，为了尽量避免教学偏差，促进对口人才的有效培养，学校需要加强对岗位需要的分析以及研究，了解岗位的具体工作内容以及技术要求标准，针对一线基础性物流岗位的实质需要来进行分析和研究。从目前来看，智慧物流的发展速度越来越快，整体的需求结构也会产生明显的变化，学校需要意识到这一时代发展的趋势，结合目前的教学条件，真正实现对就业岗位的有效分析以及细化。学校需要与企业保持密切联系及沟通，积极开展实践调研活动，了解企业对人才的需求，加强对学生专业技能、专业知识以及岗位工作能力的进一步细化及引导。为了实现学生的全面成长，确保学生能够顺利就业，学校还需要充分了解毕业生的就业情况，关注目标就业岗位以及学生的就业需求，主动调整人才培养方案及目标，真正为企业培养优秀的对口人才。此外，学生需要主动提升自身的就业竞争力，找到自己适合的工作岗位，在不同的工作岗位中发光发热。

④提升学生的实践动手能力。传统的教育教学模式导致教师在课堂教学的过程中出现了一些行为误区。例如，一些教师将教学重心放在学生理论知识的学习上，采取一刀切和简单说教的模式开展教学活动，最终导致学生只知其然不知其所以然。这一点违背了学生全面成长以及发展的初衷，同时也不符合智慧物流背景下培养物流专业人才的具体要求。

对此，教师需要关注学生实践动手能力的培养策略以及实施方案，坚持以学生为中心，尽可能地模拟实际的企业场景，为学生提供更多的契机和平台，确保学生在完成学业之后顺利地走向工作岗位。在培养学生实践能力的过程中，学生个人的动手能力和适应能力会得到锻炼。学校需要主动利用已有的教育教学资源，加强不同现代化教育教学策略和手段的灵活组合以及对接，贴近学生的生活实际，给予学生自主实践的机会，鼓励学生大胆想象，培养学生良好的行为习惯。只有这样才能够突破传统教学模式的束缚，让每一个学生都能够在自由宽松的学习氛围下实现全面成长以及个性化发展。

（八）智慧物流的发展趋势

1. 无人机仓储系统

新型通信技术的飞速发展与无人机技术的日渐成熟，必将催生出更高效、更灵活的无人机仓储系统。目前，使用无人机配合图像识别技术进行仓库的盘库作业已经成为现实，未来，使用无人机进行所有的仓储作业也将成为可能。现在的仓储作业，无论是搬运作业或是拣选作业，无论运输设备如何变化、拣选策略如何优化，都难以摆脱场地因素的限制。无人机相比传统设备，实现了巨大转变，必将彻底颠覆现有的仓储行业。在将来的仓库中，只需少量的维护人员就能运营庞大的仓库，无人机群如同蜜蜂群采蜜一般劳动，与高层货架无缝衔接，在智能机器人和智能打包机的配合下，独立完成仓储环节所涉及的收货、入库、存储、出库、拣选、打包等工作。

2. "陆空一体"的无人配送体系

自动驾驶技术将促成彻底的物流配送无人化。设置在城市社区中的无人快递站，将由智能机器人单独运营，完成自动化收货与暂存。收货完成之后，运行速度快、搬运能力强的无人快递车将会为人员稠密的区域提供配送服务，灵活性强、无视地形影响的无人机将会为人员分散、地形条件差的区域提供配送服务，从而打造出"陆空一体"的高效配送体系。无人快递车与无人机同时具备收货功能，能够满足客户的寄件需求。

3. 智能信息系统

"数据驱动物流"的理念将被更广泛地实践，物流企业涉及的所有信息都将由"智能信息系统"进行智慧管理。传统的信息管理系统大量依赖人的记录、整理、上传、分析、决策，而智能信息系统将从数据的采集、分析、利用和存储等多方面替代人力，实现信息管理的无人化、信息利用的高效化。以电子商务为例，客户的订单将成为驱动整个网购流程的信息原动力，智能信息系统会将其转化为采购的依据、仓储的作业准则、运输的调度前提、配送的指导方针，让电子商务企业以最小的代价提供最高质量的服务。

4. 物流业将变为知识密集型产业

随着人工智能等新技术的不断成熟和大规模的工业应用，物流业将从劳动力密集型的产业转变为知识密集型的产业，企业将更加注重专业人才、技术、专利等积累。研发人员将为企业的智能化提供源源不断的动力，高级工程师将成为仓储、运输、配送等环节的保障力量，大量工人忙碌的场景将不复存在，少量专业人员就可以维护庞大的物流链条。

七、物流园区

（一）物流园区的概念

物流园区在国内外还没有统一的定义，称谓也存在不同。物流园区最早是在1965年的日本出现的，也被称为物流团地。在欧洲，物流园区被称为货运村。中国第一个物流园区于1998年建立，并且首次有了"物流基地"的概念，即综合集约型、专业性、公益性的独立区域。

随着物流园区的不断发展，物流园区的概念也在不断补充与完善。王德荣认为，物流园区是指在物流作业集中和交通发达的地区，聚集了多个物流企业和多种物流基础设施的空间。2006年，《物流术语》（GB/T18354—2006）进一步补充了物流园区的概念，提出物流园区是集约物流基础设施、共同实现物流运作、合理布局物流空间的集中在城市及其边缘地区的物流聚集地。

目前物流园区的主要发展模式分为三种：政府主导模式、物流企业主导模式、综合模式。物流园区的发展通常由政府牵头指导，将多家物流企业及多种物流基础设备聚集在城市周边的某几个地点，以物流服务的集成化和规模化为目标，保障城市的正常发展。

（二）物流园区的特征

1.多式联运

多式联运即通过将两种或两种以上的交通方式进行衔接，以此来执行货物运输的复合型运输过程。《联合国国际货物多式联运公约》中对国际多式联运的定义如下：按照国际多式联运合同，以至少两种不同的运输方式，由多式联运经营人把货物从一国境内接管地点运至另一国指定交付地点的货物运输。虽然多式联运涉及两种以上的货物运输方式，但是托运人与多式联运经营人一般只签订一份合同，取得一种多式联运单据，按照一种计算方式缴纳运费。多式联运的应用不仅节省了货物的运输成本，简化了货物的运输手续，而且避免了单一运输方式手续繁多、容易出错的缺点。通常来说，物流园区的建设往往依托于城市的交通枢纽或港口，在物流园区内能够做到多种交通方式的有效衔接，从而达到实现多式联运的目的，这为物流业的货物运输带来了便利。

2. 作业整合

除物流运输的优化外，物流园区还会将分散的货运站与货运物进行聚集，采用规范化的流程与现代化的设备对物流作业进行有效的组织与管理，以此提升物流作业的运作效率，降低物流作业的运行成本。一般来说，综合性的物流园区能够结合市场信息，通过多式联运进行集中性的仓储、集散与配送管理。

（三）物流园区的类型

物流园区的功能就是实现物流运输与管理的整合。不同的物流园区有着不同的侧重点。根据侧重点的不同，可以将我国的物流园区分为如下几种类型。

1. 转运型物流园区

转运型物流园区一般依托海湾、机场或铁路公路枢纽，以运输方式的转换为主要功能。这类物流园区通常有相对较大的货物吞吐量，方便货物的快速转运。例如，上海海港新城物流园区、天津港集装箱物流中心、大连鑫码物流基地等都是转运型物流园区的代表。

2. 存储配送型物流园区

存储配送型物流园区一般以货物的存储与配送为主，拥有较大规模的仓库群，方便进行大宗货物的存储。例如，重庆九九物流园区、广州龙骏物流中心等都是存储配送型物流园区的代表。

3. 流通加工型物流园区

流通加工型物流园区一般有着一定的生产加工能力，能将厂商批量生产的标准产品转换为客户实际所需要的个性化产品。例如，广东物资集团、深圳笋岗—清水河物流园区等都是流通加工型物流园区的代表。

4. 综合型物流园区

与上述几种类型不同，综合型物流园区没有对于某一功能性的偏重，这类物流园区比以上几种园区的规模更加庞大，园区内规划也更加完善，能够满足物流的配送、转运、储存与再加工等多种需求。例如，大连国际物流中心、西南成都物流中心等都是综合型物流园区的代表。

（四）我国物流园区的发展现状

我国的物流园区经历了高速发展时期后，自2014年至今，进入优化调整阶段。2020年新冠肺炎疫情的发生进一步促进了物流需求的增长，使大量提供基础仓储服务的传统物流园区的运营面临挑战——这与此前一些开发商缺乏长远眼光、预算不充足、政府重视度不够均有一定的关系，而运营效率优势明显的高标仓受到广泛关注，此事件促进物流业迎来了新一轮变革。

目前我国的物流园区一般包含物流仓库、配送中心、分拨中心及园区配套服务等建筑，具备一定的土地规模，大量集中于交通枢纽节点，并与周边区域的产业基础息息相关。整体来看，国内物流园区已从增量市场高速发展转向存量市场转型升级的发展阶段，人均仓库面积特别是高标仓面积远低于发达国家水平，国内高标仓的供给不足，说明未来还有很大的拓展空间，也反映了物流园区转型升级的主要方向。我国物流园区正向集约协同、网络规模化及绿色低碳化的趋势发展。

（五）物流园区的基本规划

我国地产开发商在规划上普遍强调面积指标优先原则，即在满足当地规划设计指标的前提下，将建筑密度和容积率做到最大，建筑面积则应考虑甲方利益最大化。

①场地设计：设置道路标识组织单向交通，减少车流冲突，必要时再采用双向交通；货车出入口处不出现S形弯，尽量避免出现转U形弯，有利于提高交通效率。

②仓库设计：单层库、双层库、高架库、分拨中心依据物流园区的级别、功能布置，仓库之间的间距应满足防火间距且保证车辆的转弯半径，仓库宜采用标准柱网，模数化设计方便施工。

③配套设施：园区内应考虑员工休息及餐饮需要，可引入司机休息室、便利超市、物业管理用房，必要时还应考虑员工宿舍的配置。配套区面积应满足当地规范要求，并结合科学的人流量算法求算。

④道路设计：车道若设置双向双车道，车道宽度可设为8米，外加2米的缓冲带，车辆转弯半径一般大于12米，普遍设1.5米宽的人行道。

以上为园区规划基本准则，在具体规划设计时还需考虑当地的规划要求，如限高、容积率、计容面积、配套比例、绿化率、海绵城市要求等。

（六）物流园区的设计优化原则

1. 人性化设计原则

虽然我国物流园区在建设成本和指标方面一直在精进，园区在相关配套上也做了一定的努力，但物流建筑的人性化依然容易被忽略。即使自动化设备和机器人应用得非常广泛，物流园区同样是人工作的场所，园区员工一定要处在一个舒适的环境中——有良好的采光、通风及建筑内外部的景观。宜人的环境让物流园区充满生命力，可直接提高员工的工作效率及满意度。

2. 综合、先进的设计理念

物流园区占地面积大、规模大，能源及材料需求大，良好的设计理念将发挥重要作用。对于这样规模庞大的建筑，需要综合考虑每个复杂个体的规模和性质，并将它转变成设计的巧思。

（1）场地的呼应

虽然大多数物流园区用地都是平整的，周边被公路环绕，很少有自然景观，但规划设计之初，周边的环境与交通影响还是首要考虑的问题——要与地形呼应、与交通协调、与环境融合。

（2）丰富的体块

对于功能较为丰富的物流园区，可以发挥的设计空间更大，如天井、架空、空中走廊这样公共建筑常用的设计手法同样可以应用到物流建筑的设计上，并通过相对统一的材质将不同体块有机融合，让物流园区丰富又不失整体及空间感。

（3）建筑的扩建

目前我国部分物流园区面临存量资源优化的问题，即如何进行原有仓储建筑的扩建、改建，这里提供一种思路：在满足设计规范的前提下，可直接在原有建筑结构上建造全新的外层——既可以保护原结构，又增加了新的设计元素，且在其中包含新增的建筑功能，以树木生长般的方式在老建筑中创建新的元素，并让两者自然有机地融合在一起。

（4）配套的配置

目前，大多数配套服务用房要么以小件库的形式置于仓库的角落，要么单独成楼于园区一角，这样的处理降低了园区的整体感。两者在条件允许的情况下可结合设计，如办公区域二层部分悬挑，下层空间正好可作为货运汽车的停放平台，并设货门与一层仓库连通，方便货品运输。在外观上通过材质、体块的突出来区分不同的建筑功能，并在设计上强调园区运行的效率。这样可能会增加建造成本，但对于精品物流园区而言，一般地理位置优越、赏心悦目的外观设计也会成为很好的企业展示窗口，为开发商带来隐性收益。

3. 模块化施工

物流建筑模块化的建筑布局、施工方法，很大程度保障了建筑的可持续性及灵活性，且可以加快整体的建设进程。这些因素可以限定工程的完成时间和成本，达到节省预算并控制质量的目的。

4. 建筑外皮选择更丰富的材质

我国物流建筑外皮以彩钢板及加气混凝土板的运用较为广泛，体块多以色块区分，材质的处理较为单一。其实在选材时，可以结合地块周边环境，如用高光前沿材料反射建筑周围环境变化、用弧形彩钢板立面让建筑融入环境中；又如釉面玻璃及透明、彩色玻璃的适度点缀、交替搭配，可以使外墙看起来更具动感；建筑外表皮与墙体分离的设计可使空气在垂直方向自由流通，形成外墙的隔热屏障，有利于建筑通风节能。

（七）物流园区的发展策略

1. 通过政府的倡导与推动，加快物流园区现代化与创新发展

目前我国的物流园区仍然以传统的仓储、运输、配送等物流活动为主，随着经济与技术的发展，物流园区应当加强其现代化创新发展，使未来的物流园区具备跨行业、跨地区、多功能、多层次等属性。其中，对产业联动的推广是促进物流园区发展的一个要点，包括物流与商贸业、制造业、金融业和电子商务的协调发展。而在物流园区的发展过程中，离不开政府的倡导与推动。

目前，我国作为发展中国家，经济体系尚不完善，信息化物流服务平台建设也不够完善，导致物流园区对物流企业的吸引力有限。而政府对于物流园区的倡导与推动有着重大的意义，同时也只有政府能够通过宏观调控来推动物流园区的发展。在物流园区的现代化与创新发展的过程中，政府的倡导与推动不仅能够创造巨大的经济效益，还能够产生潜在的社会效益。

2. 借助政府的资金政策支持，提升物流园区的服务管理水平

企业的入驻量与入驻规模往往是衡量物流园区运营状态的重要指标，影响企业入驻物流园区的因素包括交通便利性、配套设施完善程度、园区服务质量、园区品牌口碑、园区交易环境与优惠政策等。可以看出，物流园区的服务能力也对物流园区的发展有着重要的影响，因此园区应加强服务与管理，对与园区发展思路一致的客户进行重点招商，以此提升园区的品牌形象。

目前，国内的物流市场还处在发展阶段，具体表现为市场规模大、覆盖范围小，还没有达到成熟的状态，仅依靠物流企业的投资暂时无法促进物流园区的快速发展。因此，政府需要在政策与资金上给予一定支持，帮助物流园区吸引企业入驻，从而为物流园区的发展创造良好条件。

3. 建设具备综合性商业功能的物流园区

建设完备的、有一定综合实力与专业服务能力的物流园区应当注重加强产业细分，对不同行业进行不同的、有针对性的个性化服务。未来的大型物流园区应当具备综合性的商业功能，而不仅仅是为物流业服务。物流园区需要做到将商品展示、商品信息发布、商品交易等多项功能相结合，进而发展成为现代化的大型综合商贸物流中心。

综合性商业功能的建立是促进物流园区未来发展的重要途径。物流园区作为综合商贸形态，势必会在市场上出现竞争。此时，政府应当及时调整，不可过多干涉物流园区的具体运行与发展，而是应当通过制定政策、维护市场秩序等对物流园区进行引导，促进现代物流市场的形成与完善。

第四章　电子商务环境下的现代物流服务

电子商务的发展离不开现代物流服务，现代物流的服务效率和质量直接影响着我国电子商务的发展。因此，对电子商务环境下的现代物流服务进行研究，提出相应的改善策略，对于电子商务的发展来说十分重要。本章主要分为电子商务下的物流服务优化对策、电子商务下的物流客户服务内容、电子商务下的物流客户服务策略三个部分，主要内容包括物流服务的概念、物流客户服务的概念以及提高物流配送服务的针对性等方面。

第一节　电子商务下的物流服务优化对策

一、物流服务概述

（一）服务的概念及特点

1. 服务的概念

准确把握服务的概念是服务行业提高自身服务水平的首要前提。经济学上最早认为服务分为生产性服务和非生产性服务两种主要服务行业形态。服务无法具体量化，是一个抽象的概念。从本质上来说，服务就是通过消费购买其他人的时间。从客户的角度来说，客户通过花费一定的金钱或者等价物来选择自己心理预期的服务，以便达到改善自身状况的目的；从服务者的角度来说，服务者收取了顾客一定的金钱或等价物，通过付出相应的时间来满足客户对某项要求的心理预期。服务从本质上来说，就是交易双方或多方在互动的情况下，以满足消费者某项特殊需要为目的而进行的活动，以解决消费者遇到的实际问题。

2.服务的特点

①无形性。服务不同于传统实体行业，无法用实际货物来具体衡量，具有一定的抽象性。客户在选择服务之前，很难对所选服务有一个比较直观的印象，无法得知所选服务质量的好坏，只能从简单的一些第三方评价中或多或少地了解一些信息，但这些无法改变服务行业本身的无形性。

②差异性。和工商业产品供给完全同质化不同，服务行业提供的服务无法完全做到一模一样。因为服务双方都是个体的人，而人作为一个主体，在接受服务的环节中容易受到各种外界因素的影响，因此客户在选择服务时必然会因时间、地点、心情和服务人员的不同，产生不同的服务体验，这就造成了即使在每次选择相同的企业、相同的服务人员的情况下，也会得到不同服务评价的情况。

③同时性。与实体商品从原材料到成品再到客户手中需要经过多个环节不同，服务行业在产生之初就因人对人的服务本质决定了其必然存在消费和服务同时进行的特点。客户在消费的同时就已经获得了相关的服务，这两个环节是紧密相关、无法分割的。

④具有不可存放的特点。服务的无形性和服务与消费同时进行的特点，造成服务不可能像工业品一样可以长时间储存出售。服务的提供必然是限时性的，这就和服务质量好坏中的重要因素——效率有了千丝万缕的联系。

（二）物流服务的概念

物流服务是指自供应商收到顾客的订单到顾客收到产品之间发生的一切服务活动。物流服务方通过在顾客指定的时间内将顾客指定的商品送达指定的地点来满足客户需求。在我国发布的国家标准《物流术语》（GB/T18354—2021）中，将物流服务定义为"为满足客户物流需求所实施的一系列物流活动过程及其产生的结果"。

我国引入物流的概念大概是从20世纪70年代开始的，随着物流这一概念的引入，我国学者在物流这一方面的研究越来越多。虽然我国物流业的发展突飞猛进，服务水平不断提高，有关研究也越发全面，但是到目前为止，主流还是借鉴西方物流服务的相关研究成果，还没有形成太多新的概念、量表等成果。

（三）物流服务的要素

①备货保证。无论何时企业都应保证有顾客所期望的商品，而不是等到顾客下单之后再发出缺货通知。

②输送保证。企业应在顾客所期望的时间内配送商品，即企业要做到及时发货，员工要做到及时配送，在规定的时间把商品送达顾客手中。

③品质保证。企业应保证所提供的产品达到顾客所期望的质量，保证顾客所购买的产品并非假冒伪劣产品。

④价格优惠。企业应为客户提供合理的价值服务，提供物美价廉的产品或者优质的服务。

（四）物流服务理念

基于物流服务理念差异，物流服务可以分为以客户为主旨的物流服务、以促销为主旨的物流服务、以制造为主旨的物流服务、以时间为主旨的物流服务。

①以客户为主旨的物流服务包括向商家和顾客双方提供通过第三方来配送商品的服务。服务涉及处理顾客向厂家下的订单，将商品送至商店或顾客家中。

②以促销为主旨的物流服务既包括销售点的广告宣传，又包括促销商品的物流支持。销售点所促销的商品可以包含多种供应商的多种商品，其主要作用是刺激销售商品连带的各种服务。

③以制造为主旨的物流服务是基于部分特定顾客的需求，对产品进行修正，以制造为主旨的服务。

④以时间为主旨的物流服务是以准时化形式，最大限度地满足服务对象的时间需要，最大限度地提升服务速度。

二、电子商务背景下物流服务存在的问题

（一）对物流包装的重视度不高

物流包装在整个物流活动中是非常重要的，它对物流服务质量有着很大的影响。一些企业认为物流包装只存在于物流活动中，包装用完就被丢弃了，所以它们不想在这方面投入大量的资金，对货品只进行简单的包装，甚至不进行包装，试图从这方面降低成本。这种行为是不合理的。其实在日常生活中我们都有所体会，就拿网购来说，基本商品的包装都是由卖家承担的，快递并不会再对商品进行二次包装。如果买家收到的商品是破损的，卖家需对此负责，似乎与物流企业没有太大关系。卖家为了减少损失，只能在商品寄出时，将商品包裹严实，在物流填充物上下功夫。这种现象实际上是物流企业在物流包装问题上存在误区。行业内的物流企业很少有对物品进行二次专业化包装的，同时，有的物流企业仓库

条件不理想，物品随处堆放，再加上卫生状况差、搬运手段落后、部分工作人员素质低等原因，就会使物品的包装出现破损。这不但会影响顾客满意度，而且容易造成交易纠纷，并且会影响卖方对物流企业的满意程度。

（二）代收点利弊现象共存

在代收点问题上最显著的例子就是阿里巴巴旗下由菜鸟网络牵头，面向社会提供服务的包裹代收代寄平台——菜鸟驿站。这个平台的出现，目的是为消费者提供最终环节的专业服务。在最开始的时候，菜鸟网络主要通过与一些连锁的便利店合作来实现包裹代收，之后建立了自己的代收代发平台。菜鸟驿站是菜鸟网络五大战略之一。在末端配送上，超过4万个菜鸟驿站构成菜鸟网络的城市末端服务站点，为用户提供综合物流生活服务。高校群体是目前网购用户中的一个重要组成部分，校园菜鸟驿站则是打通校园"最后一公里"布局的一部分。除了校园菜鸟驿站，末端服务站点还有便利店、报刊亭等。当然还有其他形式的代收服务，如快递柜。虽然这样的代收服务为人们的生活提供了很大的便利，但是也存在一些问题，如对于行动不便的人群来说，他们更希望得到送货上门的服务。甚至一些有时间取件的人，他们也希望直接将货品派送到手里，不愿意再花时间去代收点自取。如果遇上"双11"促销期间或者其他物流高峰时段，代收点难免会出现排队情况，这也会影响顾客对物流服务的满意度。

代收点的出现具有双面性，它节省了派送时间，为客户收取货物提供了便利；但同时也失去了一些与顾客接触的机会，也就无法及时了解这些客户的需求。由此可见，代收点的出现提高了派送效率，为人们生活带来了便利，但在某些特殊情况下，并不适合放至代收点。这中间派送员应该与客户进行互动沟通，一方面告知客户商品已经到达，另一方面可以了解客户的真实需求，这样才能提高顾客对物流服务的满意程度。

（三）绿色发展理念不深入

可持续发展一直是我们所倡导的发展理念。对于物流企业来说，绿色发展理念不仅可以给企业节约成本，还可以带领企业走可持续发展的道路。中国物流与采购联合会的数据显示，2017年我国的快递运单有400.6亿单，使用包装袋8亿个，封套48亿个，胶带的使用数量更是高达364亿米。需要注意的是，快递包装涉及一个重要的内容——快递填充物，这类填充物不仅占用空间，还会给环境造成污染。按 2017 年的快递数据，这些填充物可堆积 4.5 亿个水立方，并且其主要成分是聚氯乙烯，短时间内无法降解。而在这样庞大的使用数量下，回收率却不足 10%。在这样的背景下，一些企业开始推出一系列计划，以让物流更加绿色化，比如菜鸟网络的"回箱计划"。众所周知，电子商务的发展促使快递业务量不断攀升，物品的包装纸箱使用量居高不下，而这就存在一个是否可以回收利用的问题。菜鸟网络根据这样的情况，在菜鸟驿站旁设置了纸箱回收箱，这样就可以减少纸箱的浪费，传递出了绿色物流的理念。还有一些物流企业在运输上使用了新能源交通工具，或多或少地在减少污染物排放上贡献了自己的一份力量；在仓库使用新型能源发电，节约电力资源；在物流包装上积极创新，研发环保型的物流包装材料。总体来看，一些大型的知名物流企业已经开始响应国家号召，将绿色发展理念植入企业运营理念中，但一些中小型企业还停留在初级发展阶段，绿色发展理念贯彻得还不够深入，也没有足够的资金支持来投入绿色物流事业中。无论是从国家政策看，还是从发展现状看，绿色物流必将成为物流业的一个发展趋势。环境问题一直以来都是国家关注的重点问题。一个企业的发展理念不仅关乎企业的未来发展，还涉及在顾客心中的形象。而长远的发展理念必然是同环境保护联系在一起的。

（四）渠道障碍致沟通不畅

站在顾客角度来看，他们希望及时了解物流信息以及物流活动末端派送环节的信息，包括派送快递员的联系方式，以及附近网点的地址及联系电话。很多实例表明，派送快递员的电话不够准确，这就影响到顾客与快递员之间的沟通，使顾客不能准确提出自己的需求，而沟通渠道障碍的出现最终造成顾客对服务不满意。同时，派送这一供应链的末端环节是与顾客接触比较多的一个环节，是最能够及时了解顾客需求的环节。当然，沟通不畅影响最大的方面还是表现在信息不对称上。一方面，顾客需要及时了解物流信息，另一方面，物流提供者需向客户提供准确及时的物流信息，这是物流服务中最基本的内容。并且，高效的信息传递有利于企业掌控全局和调配资源，一定程度上可以降低企业成本。因此，信息传递离不开企业信息系统。在顾客有物流需求时，企业不能确保与顾客之间有准确及时的信息共享和传递服务，会使顾客利益受损，导致顾客流失。若企业对现有的资源了解不足，则会影响企业对市场的预测和判断，最终导致企业决策出现失误。

三、电子商务背景下物流服务优化对策

（一）优化物流服务机制

1. 参考国内外新型物流管理基础设施，优化基础设施管理系统

物流基础设施作为物流工作的基础，其能否顺利、高效地运行将直接影响物流服务体系的整体质量。然而物流基础设施建设、优化工作存在着投资数额大、投资周期长的特点，根据这一特点，物流企业可以在政府主导下，将外资与民间投资的资金融入基础设施的建设与优化工作中，同时注重完善、开拓企业融资途径。企业应重视研究国内外不同的物流管理体系，参考成功案例，吸取相关经验，积极优化、完善企业投资回报机制，积累企业运行投资成本。政府应加大基础设施建设与完善工作的宏观调控力度，提高区域内物流配送系统的整体工作效率，提升物流服务体系的管理质量，为相关工作的顺利进行提供坚实的保障。

2. 加大高素质专业型人才的培养、引进力度

随着电子商务行业的高速发展，其对与之相匹配的物流服务体系提出了更高的要求，对相关的管理工作人员的整体素质也提出了更高的标准，高素质的复合型人才成为众多高校、企业培养的目标。高素质复合型人才的培养需要政府、高校以及企业的共同合作。企业可以根据自身情况适时组织员工进行专业培训活动，提高员工整体素质，同时注重培养员工的创新思维能力，促进员工的全面发展。企业还可以与高校进行合作，通过开展不同的社会实践活动整体提高学生的专业水平，同时全面、准确地掌握学生发展状况，为日后招聘条件的设立提供真实的参考标准。地方政府应加大相关专业人才的引进力度与资金投入，通过引进相关高素质复合型人才，提高区域内企业整体的运行和管理效率。

3. 积极引进信息化技术，创新物流服务工作运行方法

政府应该大力推广物流技术创新工作，积极完善出台相关引导制度，为企业进行创新工作提供制度保障，同时，引导相关企业以及部门开展有组织、有规划的技术创新工作，加大相关创新工作投资力度，提高物流企业技术创新工作的整体效率。物流服务信息管理与传递工作是物流企业运行中非常重要的一部分，现阶段我国对于物流服务信息的管理与传递效率较低，降低了相关工作的运行速度，

同时也增加了整体投入成本，不利于企业的良性发展。面对这种情况，企业应积极借鉴成功的信息管理与传递体系，对于已有的体系进行完善与优化，通过建立信息集成系统提高企业信息管理与传递的效率。

4. 政府应加大对物流业发展的扶持力度，积极出台相关政策

政府部门应明确相关部门的管理权限以及工作职责，以保障部门在进行相关工作时不会出现推诿以及管理混乱的状况。同时，政府应积极出台有关物流业发展的法律法规，以保障物流服务企业的合法权益，杜绝企业之间的恶性竞争。在出台相关法律法规的同时，应注重其专业性以及系统性，提高其可行性，避免不必要的政治干预行为，实现真正意义上的各司其职。

（二）利用大数据技术对物流服务进行优化

1. 完善大数据物流服务管理信息安全保障制度

完善大数据电子商务物流服务的信息安全保障制度，其目的在于强化电子商务企业及物流企业对数据信息的整合能力，使其能合理地对数据资源科学应用，降低数据泄露风险，既保障电子商务企业与物流企业服务管理的安全性，同时为电子商务企业与物流企业用户隐私安全保护能力的提升提供切实保障。在此过程中，物流服务开展应在服务管理体系上做好充分优化，完善技术应用框架，围绕大数据核心技术应用布局提高技术安全引导能力，采取简化服务对接流程、提高服务管理安全监督水平等策略，从源头上控制数据泄露风险，并在细节上做好管理改进，由单一责任制向技术应用保障机制进行转变，让大数据技术应用成为引导电子商务物流服务信息安全管理的重要方式，为后续阶段更好地提高大数据背景下物流服务水平创造积极的条件。

2. 构建大数据平台与物流服务企业双向技术应用、开发体系

在信息化早期阶段，大数据平台、电子商务平台、电子商务企业及物流企业之间并未形成深度合作关系，在技术应用与数据共享方面尚未实现多元化推进，导致大数据平台对电子商务企业与物流企业在技术应用方面存在部分技术问题，使其无法根据电子商务企业与物流企业基本需求有针对性地开展技术优化。在未来阶段，大数据平台与电子商务平台之间应做好技术应用协同管理，面向电子商务企业与物流企业开展深层次技术应用合作，通过加深技术合作、强化技术互助、深化技术沟通等多种途径，帮助电子商务企业与物流企业更好地优化大数据技术应用体系，提高大数据背景下物流服务的综合技术水平，为未来阶段更好地满足物流服务的多元化技术应用需求做好技术创新。

3. 建立多位一体的物流服务大数据技术应用机制

一是利用大数据技术丰富物流服务内容，根据企业基本需求及行业特点制定科学服务管理方案，定期结合市场动态修改服务方案，并为大数据技术提供方做好信息反馈，使其能针对当前物流服务发展做好核心技术优化，保证物流服务能始终保持服务前瞻性。

二是基于大数据应用体系拓宽电子商务物流服务领域，充分积累服务管理经验，并积极做好海外服务的市场拓展，提高电子商务物流服务核心能力，以大数据技术发展为支撑做好系统化服务创新，便于后续阶段更好地实现物流服务一体化。

（三）加强对物流服务的管理

1. 构建物流服务智慧管理构架

在物流服务管理中，必须预先建立物流服务智慧管理构架，如图4-1所示。结合图4-1可知，在智慧物流感知端、传输通道以及智慧物流存储云都应用到了大数据技术，使智慧物流具备了信息化、网络化、数字化以及可视化的先进技术特征。

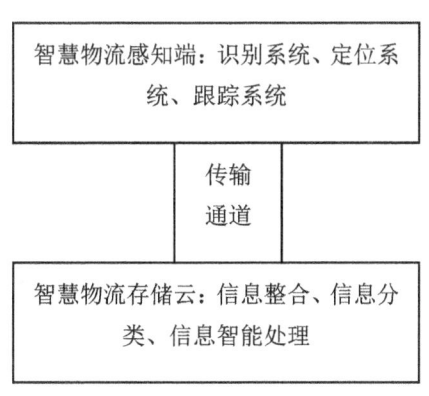

图4-1 物流服务智慧管理构架

2. 物流库存批次信息管理

物流库存批次信息管理是一种给不同批次的物资配置专属的编码信息，且每批物资的编码都是唯一的，不会发生重叠，从而实现对货物的细分管理。首先，建立批次编码库，对各种编码信息进行相应的文字标注。货物的标准编码库主要包括货物的编号、名称、型号、规格以及进货时间等。批次编码编号采用七位数的形式，其中前两位表示年份，第三、四位表示月份，第五、六位表示天，最后一位表示每天不同的批次数量。其次，在对批次货物进行管理时可使用标注词，增加系统对信息的搜索能力，降低管理人员对货物信息查询的工作量，提高工作效率。这可以使输出到库存报表中的信息被进一步细化，从而增加系统对库存费用的核对及统计能力。系统可利用盘点表在盘点批次、物资及仓库名称的约束下进行进一步的工作报表显示。库存盘点的程序如下：首先，确定对应仓库序号进行盘点，选择在系统中显示的库存；其次，确定应对哪些物资、库位进行盘点；最后，确定盘点格式以及需要记录的信息，完成对盘点工作报表的显示。

3. 物资运输及配送信息管理

针对物资运输及配送信息的管理是通过用户要求发起的，当用户在订单中要求物流企业进行上门取货或配送时，系统会配置相应的取货或配送时间及地点信息，并由系统传输到物流企业，再由物流企业提供相应的服务。在货物运输或配送过程中涉及运输价格时，用户可在系统中填写入库服务订单，由系统的合同管理方对价格进行约定。为有效控制物资运输过程中产生的成本，企业在对系统进行构建时，可以从构成物流运输管理模块的运输车辆调配、商品装运以及运输路径三个方面分别对运输成本进行控制。

①针对运输车辆调配。系统构建在此方面主要涉及车辆运输情况的输入检索、车辆运输调配输入检索统计、车辆运输调配参考三项功能。通过对运输车辆进行检索，可对车辆运输情况实时掌握。通过人员考查评估管理模块，可有效查询到运输车辆驾驶人员的历史考勤记录以及当前运输情况。通过车辆调配参考功能，实现对车辆运输调度方案的优化执行。

②针对商品装运。系统构建在此方面主要涉及货物安排查询模块以及货物装运录入查询两项功能。通过对运输车辆的具体情况及货物的特性进行统一的装配管理，实现合理利用调配资源、控制成本。

③针对运输路径。系统构建在此方面主要涉及运输路径选择权重确定、运输路径输入检索以及运输路径选择参考三项功能，目的是以最少的运输成本对货物运输的路径进行合理划分。运输成本的计算公式为：运输成本＝货物装配费用＋运输车辆保养及维修费用＋运输司机平均单次运输工资＋运输路径里程×每公

里运输货物费用+运输基金。除此之外，根据具体运输情况，还可增加车辆保险费用、车辆磨损维修费用以及燃料费用。系统提供的方案应选择节约运输费用及运输时间的路径，降低运输风险和运输成本。

针对运输及配送信息进行管理，首先由系统接收出库单，再从出库单中提取物资运输及配送的请求信息，根据检索系统数据库，对符合要求的车辆进行调度，然后装货出库。在货物开始配送后，系统在整个过程中对其运行情况进行在途监控，可通过物联网技术与系统连接的移动设备实现，待用户确认签收后系统停止对该物资的监控。最后由系统对完成配送的回单进行统一的管理。

除此之外，运输及配送信息的管理还包括对装卸人员、运输司机等的量化管理。通过系统中存储的以往信息可以计算出各个工种的平均工作量，据此制定考勤制度。对运输司机根据运输实际进行考核，对装卸人员进行计件考核。由系统统一制定考核标准，设置标准参数与调整系数。根据不同职能人员的工作量，带入对应的标准值及调整系数当中，统一给出工作人员的业绩评估结果。

第二节　电子商务下的物流客户服务内容

一、客户服务的概念

1960年，美国市场营销协会（American Marketing Association，AMA）首次对服务进行了狭义的定义：用于销售或与产品一起销售的活动、利益或满意度。由于服务具有公认的无形性、差异性、同步性和易变性，让人们很难严格地将服务和产品区分开来，因此，服务被视为各行各业竞争的重要手段和新的利润增长点。

客户服务就是为客户提供的服务，对此，学术界主要有两种看法。莱维特（Levitt）认为，客户服务是使客户能够为核心产品和服务增加潜在价值的活动和信息。它是一种以客户为对象，以产品或服务为基础的行为，目的是开发和发掘客户的潜在价值。而部分管理专家则认为，客户服务是一个过程，它以低廉的费用给供应链提供重大的增值利益。综合各界学者的观点，本书认为，客户服务是根据客户需求，通过面对面或者电话、邮件等非面对面等方式，为客户提供的一系列影响其满意度的服务。

二、物流客户服务的概念

所谓物流客户服务，是指物流企业为了满足客户的物流需求，所提供的贯穿于双方合作过程中的各种物流活动。物流活动从本质上说就是一种服务，它本身并不创造商品性质的效用，而是产生空间效用和时间效用。因此，物流客户服务与其他传统服务的本质相同，都以客户为出发点，强调客户至上、以客户为中心。现代物流管理的实质就是在权衡服务成本的基础上，向物流需求方（客户）提供高效、快速的物流服务。物流企业作为物流专业化、社会化的重要形式，在向客户提供物流服务的过程中，客户服务的好坏直接影响双方合作的效率和持久性。

三、物流客户服务的重要性

（一）客户服务是物流活动的基础

以京东物流客户服务为例，京东物流以打造客户体验最优的物流履约平台为使命，通过布局全国的自建仓配物流网络，为客户提供一体化的物流解决方案。基于客户服务体验视角，京东物流配送有两个主要方式：市内普通快递送货上门与物流自提点自提。如果客户能够得到良好的物流服务，物流就可以成为企业发展的一个真正的利润点。客户从各种服务指标中能够对整体物流运作效果进行评价，从包装、运输到送达客户手中的这些不同的环节都有一个基础的评价标准，通过这一系列标准流程能够为物流活动提供基本准则。

（二）客户服务是物流企业的重要环节

企业要想得到长久发展可以通过产品创新或技术创新来吸引更多的人购买产品或服务。物流企业只有深刻了解不同层次客户的需求，才能在快速的市场变化面前及时做出正确的反应，只有这样才能够满足根本的服务策略，才能把握这一重要环节，从而在激烈的市场竞争中占据一席之地。

（三）物流客户服务有利于稳定老客户、吸引新客户

企业为了壮大，都想吸引更多的新客户，于是有的企业就会忽视老客户的重要性。相关的数据统计显示，一个企业要想获得长久的发展就必须维护好现有客户，因为现有客户的主要特点决定了企业能够保留现有业务，企业应当在保留现

有业务的基础之上去获得推荐且吸引更多的新业务。维持老客户的一个重要的方法和手段就是提供高质量的客户服务，让老客户感受到企业的诚意及可靠。此外，企业可以成立一个客户服务小组来集中力量拓展新的客户资源，通过这种方法和手段获得更多的客户资源，即在维系老客户的同时发展新客户。

四、物流客户服务的基本内容

①物流客户服务是一项工作。物流客户服务是为了满足客户要求而进行的一项特殊工作，包括订单处理、处理退货及投诉、产品咨询等具体的活动。

②物流客户服务是一整套业绩评价。这一整套业绩评价通常包括产品可得性评价、订货周期和可靠性评价、服务系统的灵活性评价等。产品可得性评价指的是，如果第三方物流企业提供的是物流仓储服务，那么是否可以在客户需要货物的时候及时送达，存货的比例是否满足最低库存数的需求，也就是说，既使库存数最少、库存成本最低，又可以满足客户的要货需求，并且送达的货物处于完好的可销售状态（无破损）。订货周期和可靠性评价，包括从收到订单到货物备好可以发货的时间、转运时间、是否在规定的时间内送达、送达时货物是否完好、物流服务产品的解决方案是否最优等。服务系统的灵活性评价，包括最低订货数量、特快发货或延迟发货的可能性、订货的方便和灵活性等。

③物流客户服务是一种观念。随着物流概念的成熟，人们越来越认识到，客户服务已经成为物流系统乃至整个企业成功运作的关键，是增强企业产品和服务的差异性、提高产品和服务竞争优势的重要因素。物流客户服务方式的选择对降低物流成本具有较大作用。低成本历来是企业追求的目标之一，而低成本的实现往往涉及商品生产和流通的全过程。除原材料、零部件、人力成本等各种有形影响因素外，客户服务方式的选择对降低成本具有很大的作用。

五、影响物流客户服务的因素

（一）服务能力

1. 企业客服管理

①客服人员在工作能力上存在参差不齐的现象，部分客服人员业务能力不娴熟、沟通能力欠缺。此外，部分客服人员的工作积极性不足，自身服务意愿不强，缺乏市场竞争意识。

②客服人员之间的沟通衔接不紧密。企业在使用多个供应商时，在其之间的运输工具转换作业方面，客服人员经常花费非常多的衔接时间用于沟通协调，这大大地增加了运输时间以及沟通成本。

2. 企业信息平台问题

大多数时候，客户的不满意来自信息的不对称以及过程的不可控。当企业不具备信息平台、不能和客户构成信息化流通的时候，信息的传输大多只能依靠人工来完成，这种传输很难保证及时性，客户不能及时了解物流进度，继而做出负面评价。当企业建立信息化系统后，物流企业可以直接将信息平台开放给客户，业务完成过程也能同步反馈至客户，同时还可以通过系统监控查看作业现场。物流企业可以通过作业过程的透明化与信息的高度共享来完善自己的服务，进一步提升物流企业的运营能力，最终提高客户的满意度。而客户的认可会带来市场的认可，这样就形成了良性循环。同时随着货运种类的增多，客户对货品信息的完善、物流的跟踪信息以及线上预约取货、物流截断等功能提出了新的要求，因此企业需要不断更新信息平台。

3. 企业系统、设备问题

先进的企业管理系统能提高员工工作效率，提高企业运营能力，为客户提供更好的服务体验。而一些物流企业的系统依旧用的是陈旧的系统，硬件设备也很久没有更新，这样就可能出现设备反应迟钝、企业效率低下、落后的系统需要大量的人工来完成的情况，从而耽误正常的进程，增加成本。同时，落后的物流跟踪系统容易给员工和客户带来一些不必要的麻烦。

（二）运输价格

在现代物流的基本功能里，运输方面的功能具有很重要的地位，从成本来看也是所有物流系统中占比最大的，因此对于客户来说，有效控制和节约运输成本对减少物流总成本尤为重要。决定物流运输价格高低的因素有很多，有人力方面的因素以及技术方面的因素，如一些企业使用较为落后和保守的管理方式，信息化管理跟不上，整体作业效率提升不起来，导致管理费用和成本抬高；还有一些企业存在制度和政策方面的问题，如员工的考核制度、成本核算相关的制度、物流路线规划缺乏合理性等都会给企业带来额外的成本。

（三）公司品牌形象

品牌形象功能分为内部和外部两部分。从内部功能来看，良好的品牌形象可以增强员工对企业的黏性，为企业的发展获得内生力和竞争力。从外部功能来看，首先，品牌形象较好的企业容易获得公众的同理心；其次，容易建立与供应商之间的良好合作关系，建立互信的基础，使企业运行更加稳定顺畅。因此，品牌形象和企业的可持续发展有着密不可分的关联。

第三节 电子商务下的物流客户服务策略

一、提高物流配送服务的针对性

物流服务应当根据不同的主体及需求进行一定的调整。例如，对于对物流配送服务有较高要求的女性来说，商家在进行物流配送时除在时间、质量上给予保证外，还可以从商品的包装上着手来提高客户满意度。

（一）根据群体的差异性提供不同的配送服务

有些女性在网上购买了商品后，不只希望商家可以完好无损地将商品交到自己手中，更希望有一个看着就赏心悦目的包装来保护自己购买的商品。对于不少大学生来讲，他们对物流服务的评价标准较高。商家在进行商品的配送时，要综合考虑诸如以上方面的因素，与卖家保持密切联系，以应对诸如此类的特殊要求。总之，客户群体存在差异性，商家要制订合适的计划表，对不同群体、不同要求的客户，在进行物流配送时满足其不同要求，提高客户满意度。

（二）根据不同的客户需求提供不同的配送服务

企业可以为客户提供个性化的物流配送服务，如客户下单时可以勾选或者备注其需要的个性化物流配送服务，物流配送方式可以选择慢递、加急送等多样化形式。

为实现顾客与企业战略关系的建立，企业在提高物流配送服务针对性的同时，需对物流配送的各个环节进行整合。首先，要严格执行行业保密规章制度，严禁泄露消费者个人及家庭信息，一经发现当对泄密行为进行处理，维护客户的合法权益；其次，要在物流配送过程中对包装、运输和搬运等环节建立相应的货品安全保障措施，全程监控，出现问题时要及时解决并落实责任，公正、合理、快速地对客户进行赔偿，树立企业良好的品牌形象。

二、提高物流配送服务的时效性

（一）优化运输工具

企业可以通过运输工具的优化并采取高效的配送管理方式来降低物流成本，提高效率，如使用货物跟踪系统增加车辆的运行效率以及提高车辆装载率等。具体来讲，企业在使用货物跟踪系统时，通过对运输车辆安装实时定位和通信系统，实现对车辆运输情况的实时掌握，再根据实际情况及时设计最优方案，从而有效追踪货物；另外，企业通过货物跟踪系统可以在装载货物时对轻重物品进行合理搭配，并配合数字信息化的技术手段计算出最佳的装载方案；同时，有关货品的相关信息，包括种类、数量、在途状态、运抵目的地的时间、客户收货时间等都可以通过货物跟踪系统实施有效监控，及时掌握车辆的信息，合理安排车辆，为运输人员提供远程支持的同时也大大提高了客户和企业间信息的透明度。

（二）优化运输路线

物流企业降低运输成本最直接和有效的办法即优化运输路线，因为物流运输成本会随着高油价和公路计重的收费而增加。目前，很多企业通过减少人为增加的运输距离、减少油耗和浪费来降低成本，但其实最显著的办法还是选择合适的运输路线此举将大大节省成本，因此企业应当予以重视，实现运输路线的优化。

企业合理地进行资源配置，提高运输时效，一来可以为企业降低运输费用，节省的资金可以用于其他运营环节和项目，从而更好地提升企业的服务质量；二来能够帮助客户在一定程度上节省费用，即不仅从服务质量方面做好，而且从资金方面为客户考虑周到，这可以提高客户满意度。

三、优化客户服务管理

（一）建立标准化客户服务体系，持续优化

首先，持续强化以客户为中心的服务理念和意识。其次，不断加强服务模式方面的创新，建立新的服务客户的流程，更好地将服务标准融入业务的开展中，提升客户的满意度。最后，不断优化和完善客户服务的标准和要求，持续完善客户服务体系。

（二）协调好内部和外部等多方面的资源，解决问题

首先，通过外部人才的引进来进行客服人员的快速补充，实现内部竞争效应，以提高客服人员的作业效率和质量。其次，加强人员的培养。在内部建立完善的人员培养和成长规划，使员工对自身职场发展路径有清晰的了解，从而激发员工的自主性和积极性。再次，通过对客服工作内容的梳理和分工进行有效的任务分配，实现专人专事的分工模式，让员工在各自所在的环节不断积累经验，成为专家。最后，提升客服人员的主观能动性，把客服工作融入业务工作的方方面面。

四、增强与客户的沟通

（一）从客户角度出发进行沟通

企业要想提高客户满意度，就要注重与客户的沟通。物流配送服务的沟通性主要在于物流配送的两个环节——物流运输环节与包裹配送环节。针对物流运输环节，企业可以设立专门的沟通小组或安排专门的人员，对相关订单进行跟进，在包裹运输过程中随时与客户保持联系，以防客户查询不到订单信息。针对包裹配送环节，其服务性主要由配送员的质量来决定。对物流企业来说，客户忠诚度的高低和客户对企业的信任程度的高低，是物流企业能否做大做强的基础和根源。因此，物流企业要有合理的长期规划，明确客户服务的宗旨，不仅要满足客户简单的硬性要求，还要从客户的角度出发，加强与客户的沟通，建立与客户长期的合作关系。

（二）化被动沟通为主动沟通

当企业在每次与客户合作时，都能想客户之所想，为客户提供优质的服务时，

该企业也将获得更多的发展机会。如果企业想要进一步占领市场，那么就不能被动地等待客户上门，而应主动出击寻找客户，加强与客户的沟通，了解客户的需求，并根据不同的需求为客户提供相应的物流配送服务。

因此，企业应当对配送人员进行定期的培训，向其介绍与客户沟通的交流技巧，以及在配送时遇到意外情况导致包裹出现问题时应怎样与顾客进行沟通。增强员工与客户的沟通能力需要较长时间，但只要企业重视人才战略，加强员工培训，构建合理的评价机制，必将带来客户满意度的提高。

五、创新物流配送方式

随着当今信息时代的到来，物流业发生了天翻地覆的变化，适应新时代的创新技术应运而生。对物流运输服务来说，其创新性主要体现在两个方面：一是付款方式与提货方式的创新，二是物流信息设备的创新。

（一）付款方式与提货方式的创新

近年来，支付宝网上付款和微信网上付款的蓬勃发展，显示出网上付款方式适应了时代发展的要求。对物流配送服务来说，企业可以从配送和取货两个方面着手进行创新。在物流的配送方面，企业可以建立物流配送智能系统，让顾客可以通过该系统对配送方式和时间进行选择；对于提货模式，提货点的建立是较好的方式，可以让顾客根据自己的时间安排选择提货与否；配送系统与提货系统的完美结合，可以为客户节省时间和精力。

（二）物流信息设备的创新

企业可以采用先进信息化设备，使用管理信息系统、射频技术、电子数据交换等方式提高物流的配送效率，还可以利用GPS定位系统加强对物流配送监控的能力，以便客户随时了解快件信息。企业还可以利用现有的大数据系统整合仓储数据、配送历史数据与客户需求数据等企业内部数据，以及气象预报与道路交通等外部数据，根据所获得的数据调整物流配送方式、动态规划最优配送路径，这对降低运输成本和仓储存量、提高经济效益与物理配送服务水平具有决定性作用。

六、完善售后服务系统，提高人员的专业性

（一）完善企业售后服务系统

企业要发挥物流运送服务的服务性，需要完善商品的退换货服务和售后服务。在商品的退换货服务方面，企业可以将线上零售与线下实体店进行数据共享，对线上购买商品后发现商品有质量问题的买家，让其携带相关证明到最近的实体店进行商品检验，确定无误后从实体店进行商品的退换货，这样可以减少中间的物流环节，不仅为企业节省资源，而且可以确保消费者不会再次出现退换货的情况。对于售后服务环节，企业也要采取相应的措施。售后服务是大部分企业都需要完善的环节，有的企业将重心放在了前期包裹配送上，而对包裹的拒签和退件等售后环节并不上心，其实，售后服务更能体现出一个企业的文化，也更能收获更多的消费者支持。所以，企业要完善其售后服务系统，使顾客可以方便地解决问题，提高企业运营效率。

（二）提高物流配送人员专业性

企业物流配送人员应该着装统一，穿着整洁干净，这体现了企业良好的品牌形象，而不是穿着不得体的衣服给客户带来不适的感受。企业应建立细节性的物流配送服务的统一标准，使物流配送人员在工作过程中有更加细致的标准，从而为客户提供良好的物流配送服务，提升客户满意度。同时，企业可对配送人员进行综合素质的培训，包括服务技能、业务知识等，并建立一定的奖惩措施。企业还应建立起与顾客在交易过程中的有效沟通，重视客户的投诉、申诉，并建立起有效的沟通解决渠道，准确、满意、快速地解决客户所反映的各类问题，提高企业服务效能。

七、误差补救优化

通常来说，物流业务的误差有可能在三个阶段发生。第一阶段为签署运输合同及取货阶段，第二阶段为货品运输配送阶段，第三阶段为客户收货阶段，三个阶段都有出现误差的可能。误差补救优化原则分为三个方面，一是减少误差发生，二是误差补救，三是注重处理问题的态度。只有在各阶段都做出优化，才能进一步减少误差，提高客户满意度。

（一）减少误差发生

第一阶段为签署运输合同及取货阶段。合同约定内容的误差、货品清单的误差、取货时间的误差这三个误差产生的主要责任在企业，但一般这方面出现问题的情况通常不多。企业可以建立专门的法务团队草拟详细合同，避免合同漏洞造成争议或损失；同时采用先进的货品登记系统，减少货品登记失误；取货时货品的详细检查，以及货品入仓后的妥善保存也需要专门人员负责，用明确责任的方式进一步保障货品的安全。

第二阶段为货品运输配送阶段。该阶段容易出现的误差是运输时间的误差、物流跟踪的误差和货品安全问题，针对这些问题，企业可以引进先进的物流管理系统，加强物流跟踪的准确性，同时引进先进的运输设备，训练专业的运输人员，保证货品安全。

第三阶段为客户收货阶段。对于该阶段的误差减少只能用常规的手段，就是严格遵守配送流程，保证货品被客户接收并当面验货，减少产生误差的可能。

（二）误差补救

当出现误差时，物流企业要进行误差补救。如何进行误差补救？一般来说，误差补救分为两种：一是对运输货品不能及时到货的补救，二是客户货品出现损毁时的补救。针对第一种货品不能及时到货的补救，在有其他运输方式可以解决的前提下可以优先选择其他运输方式，这就需要物流企业具有良好的应急运输手段，或者建立专门的备用运输队伍；针对第二种客户货品出现损毁的情况，只能进行合理的赔偿，因为涉及双方利益，所以定责的过程相对烦琐，企业可以设立相关处理部门，并引进专业人才，快速处理该类事件，该部门的责任就在于完美解决事件的同时为企业留住客户。

（三）注重处理问题的态度

在发生意外需要企业相关部门处理时，企业的态度直接决定了客户体验的程度。对于误差补救来说，物流企业的服务态度直接影响着解决问题方案的制定、执行以及客户的体验效果，因此提高误差补救部门人员的服务态度是提高误差补救能力的有效方法。

八、增强品牌认同

首先，物流企业应及时推出符合用户需求的服务，使用户能更加便利地得到优质的物流服务体验。物流企业要跳出从前的思维和生产方式，积极拥抱新的管理思维和先进技术；同时根据用户反馈做出对应的符合用户需求的产品服务设计，使其与用户的距离达到最小化。这样一来，企业可以通过现代化的积极响应信息回复机制，提升用户对物流服务的好感度，促进用户形成稳固的品牌信任，实现消费者对品牌的认同。如今大部分消费者已经离不开手机购物，物流企业要以消费者为核心，让用户在寄送全过程中体验到优质移动网络的数字化服务。

其次，物流企业应构建良好的品牌形象，赢得持久的用户品牌认同。消费者对品牌的认同主要来自情感、认知和对品牌价值的评估。进一步而言，增强品牌的黏性，不断创造消费者与品牌之间的互动价值将有利于增强消费者对品牌的认同感和归属感。在认知层面，消费者通过增强对品牌的认知可以加强对品牌形象的认同。在品牌评估层面，增强消费者对品牌的依赖和归属感能够有效促进消费者对品牌做出积极的主观评价，提升品牌价值。物流企业除了要全方位为顾客提供优质物流服务体验、提高自身服务的附加值之外，更需要坚持物流的本业，做好货物的运输传递工作。

物流企业在提供用户服务的过程中，要不断增强用户对品牌认同的认知力量。品牌认知区别于品牌情感，物流企业可以通过品牌故事将品牌的宗旨、愿景等内容生动且有趣地传达给消费者，而通过品牌故事传播，消费者能较好地接受品牌广告或者品牌诉求传达的信息，进而引发品牌认同，促进品牌的发展。此类措施包括在频次上加大品牌认知宣传等。物流是货物及时送到目的地的活动，如果不能及时送到目的地甚至货物在中途丢失，必然让用户对物流企业的能力和信誉产生怀疑，将会负向影响用户的品牌认同，导致品牌危机发生。将货物及时送到目的地是物流企业应尽的义务，只有履行了义务才能获得用户的认同。对于物流企业来说，老用户既意味着对物流服务质量的满意，又意味着有待改进的服务需求，以及更多频次、更大范围的物流服务和正面的品牌形象。品牌良好口碑的传播将引导用户产生更高层次的认同，促进消费者成为品牌的忠诚用户并利用自己接受的品牌知识或者在使用品牌过程中的经验进行传播、分享，实现与品牌共创价值。

最后，物流企业应该从用户角度出发，为用户打造优质的智能化物流服务体验。大多数服务体系要么是劳动密集型的，要么是技术密集型的，服务管理比较粗放，因此物流企业需要将技术资源和人力资源整合起来，为用户提供优质的智能化物流服务体验。当前，物流体系基础设施建设日臻完善，用户的生活方式和思想观念不断发生改变，这些为智能化物流服务奠定了基础。物流企业可通过系统设计与整体规划实现资源整合，提高整体服务效率，降低服务成本。同时由于智能化信息能及时得到反馈分析，物流企业更容易发现蓝海市场，更容易抓住相应用户需求，而高质量用户需求的满足可使企业逐渐扩大用户群，品牌优势得到进一步扩大。

第五章　电子商务环境下的物流系统运作

在信息技术快速发展的今天，电子商务的发展速度越来越快。电子商务的快速发展，既扩大了销售范围，改变了传统的销售模式，又推动了物流系统的革新与发展。在电子商务快速发展的背景下，人们必须注重对物流系统的研究，不断提升物流传输的质量与成效，切实推动物流企业的长效快速发展。本章分为电子商务物流系统的基本问题、B2B电子商务环境下的物流系统运作、B2C电子商务环境下的物流系统运作、C2C电子商务环境下的物流系统运作、O2O电子商务环境下的物流系统运作五个部分，主要内容包括物流系统的概念、B2B电子商务环境下的物流运作模式、B2C电子商务物流运作模式、C2C电子商务物流运作模式以及O2O电子商务物流运作模式等。

第一节　电子商务物流系统的基本问题

一、物流系统的概念

物流系统是在特定的时间及空间内，由一些相互限制的动态因素组成的能够涵盖一定功能的有机整体。其中相互限制的动态因素为需要输送的物资、仓储及运输所需的相关设施设备、装卸搬运与包装所需的机械工具以及相关人员及通信关联等。物流系统的目的就是以确保社会再生产成功实行为前提，通过合理安排物资的时间及空间效用，将物流活动各环节顺利衔接，从而实现经济效益最大化。

物流系统包含仓储、运输、装卸搬运、流通加工、配送、包装、信息等各项物流活动。物流系统由输入、处理和输出组成。输入主要指仓储、运输、装卸搬运等物流活动中的各个环节所耗费的劳务、能量、设备、信息等相关资源；处理指的是物流系统利用自身特点,将输入的资源进行一定程度的转化工作;输出是指系统将处理转化后的资源进行输出,以达到适应外部环境的目的。物流系统通过从输入到输出的持续循环,不断为外界环境提供物流服务。

二、物流系统的要素

(一)一般要素

物流系统的一般要素由人、财、物以及信息要素等组成。其中,人的要素指的是物流活动中的参与者,是物流系统中最主要的要素,因为人是保证物流系统各项活动能够顺利运行的重要保障,物流系统的功能实现也需要人的参与;财的要素指的是实现物流活动所需的资金支持,物流系统的建设需要大量的资金投入,若缺乏资金的支持,物流系统便无法顺利运行下去;物的要素指的是物流活动中涉及的物质条件,如能源、原材料、产成品等,这其中既涵盖了物流系统的劳动对象,又涵盖了各种劳动手段及工具;信息要素指的是物流系统在运行过程中产生的数据、文件、图片、影像等能反映物流活动内容的各种资料。

(二)功能要素

物流系统的功能要素反映的是物流系统所具备的各项基本性能,这些性能通过相互之间的协调与整合,最终汇聚成了物流系统的总体功能。物流系统具有七项功能,分别为运输、仓储、装卸搬运、流通加工、包装、配送与物流信息。其中,运输与仓储功能是物流系统的核心,通过运输与仓储业务使供给方与需求方之间时间与地点分离的问题得到了解决;装卸搬运及包装功能在物流系统中的作用更多地体现在增加物流成本方面;流通加工在物流系统中的功能体现在为物流活动提供增值服务方面;配送是物流系统运行过程中的最后一个环节,之前发生的各项物流服务功能都需经过该环节才能得以体现;物流信息功能贯穿于物流系统运行的始终,为物流系统的各项功能实现提供了支持。这七项功能涵盖了物流系统中的主要任务环节,也是物流系统主要工作内容的具体体现。

(三)支撑要素

支撑要素在物流系统的运行过程中具有不可或缺的作用,能够协调各系统间的相互关系,从而确保物流系统中的各项物流活动能够顺利进行。体制制度、法律法规及行政命令等都属于物流系统的支撑要素。其中，体制制度是促使物流系统规范化运行的依据，通过设定合理的体制制度，能够约束物流系统中各项物流活动的行为，使物流系统有序运行；法律法规是物流系统运行过程中强有力的保障手段，当物流系统的运行过程中产生合同纠纷、权益划分等问题时，可以依靠法律法规进行协调，从而有效解决物流系统运行中出现的各种问题；行政命令是物流系统的又一项支撑要素，因为物流系统有时还承担着国家的军事及经济任务，因此行政命令在一定程度上对物流系统的运行起到支撑作用。

（四）物质基础要素

物流系统在运行的过程中必然会用到大量的物流基础设施与相关的工具设备，因此物质基础要素具有非常重要的作用。物质基础要素主要包含物流设施设备、物流工具与相关技术与网络等。其中，物流设施主要指物流中心、仓库、公路、码头等，是物流系统运行的必备条件；物流设备主要指托盘、货架、分拣设备、出入库设备、运输车辆等，是物流系统运行的必需品；物流工具主要指文化办公用具、维护保养工具等，是物流系统运行的基本条件；相关技术与网络主要指计算机、通信设备、网络设备等，是获取物流系统运行中具体信息的重要辅助手段。

三、物流系统的特点

（一）整体性

物流系统是由人机系统组成的整体系统。人是系统运行的主体，通过人使用物流设施设备、技术工具等要素作用于物资上，完成一系列物流劳动，从而形成了物流系统。因此，在对物流系统进行分析时要站在整体的观点上，将人和物进行综合考量，在首要满足人这一要素的前提下，最大程度地实现物流系统的各项功能。

（二）可分性

物流系统虽然是一个整体，但它可以进一步划分为很多具有相互联系的子系统。这些子系统之间既相互独立，又相互制约和促进。通过对物流系统整体进行综合管理可以提高各子系统的运行情况，反之，通过对各子系统实施分别管理也会使物流系统的整体管理水平相应提高。

（三）动态性

物流系统在运行的过程中并不是一成不变的，期间会随着用户需求、社会环境、运营模式等内部因素及外部条件的变化而产生相应的变化，因此物流系统为不断地适应这些变化，需要管理者对物流系统的职能、工作范围、发展规划等内容不断进行调整与改变，使之与环境相适应。

（四）复杂性

物流系统是一个复杂系统，内含大量物质资源，这些资源品类繁多、数量巨大，给管理活动造成了一定的困难。除此之外，庞大的物质资源需要配备相应的人员及资金对其提供支持，对于人员及资金的管理工作也加大了物流系统的复杂程度。

（五）多目标性

物流系统是一个具有七项功能的复杂系统，这些功能之间往往存在矛盾。当满足其中一项功能的目标时，可能会损害另一项或另几项功能的利益，因此物流系统在运行的过程中应综合考虑多方的利益，既追求效率提升，又考虑成本降低。总之，应尽量通过多目标规划，使物流系统达到最佳效益。

第二节 B2B 电子商务环境下的物流系统运作

一、B2B 电子商务相关内容

（一）B2B 电子商务的分类

我国研究 B2B 电子商务的学者大多在理论上把 B2B 电子商务模式划分成网络营销类电子商务、信息类电子商务两类，在实务中也会依据行业的性质增加两种分类，即行业垂直型平台、综合型平台两类。分析国内 B2B 电子商务平台的日常经营可以发现，不同类型的电子商务平台在网站功能、后台服务和平台的保障等方面不尽相同，因此服务定制程度、信息量、资源整合程度等均有显著的差异，所以构筑二维分类模型将 B2B 电子商务的功能进行详细的划分具有必要性。

第一维度：根据 B2B 电子商务平台服务的目标领域，可以将 B2B 电子商务模式划分为面向所有企业的综合性服务和面向行业内企业的行业性服务。

第二维度：依据 B2B 电子商务的服务功能，可以将 B2B 电子商务模式划分为资源整合服务、信息服务和交易服务。

表 5-1 所示为第一维度和第二维度的详细划分。

表 5-1 第一维度和第二维度的详细划分

服务领域	综合性服务	行业性服务
信息服务	综合性信息服务	行业性信息服务
交易服务	综合性交易服务	行业性交易服务
资源整合服务	综合性整合服务	行业性整合服务

除上述分类外，也可以按照国家产业结构对 B2B 电子商务模式进行划分。这样 B2B 电子商务企业可以根据其所归属的行业详细划分为 16 大类，即综合类、钢铁、石油化工、农业、汽车、建筑建材、医疗、外贸、IC 元器件（IT 数码）、快消、工业品、旅游酒店、纺织服装、印刷包装、物流货代以及其他行业。这 16 个行业的 B2B 电子商务的发展历程受到宏观经济环境和微观企业经营状况的影响，各有特色。

（二）B2B 电子商务的交易流程

B2B 电子商务的一般交易流程如下：卖方企业在平台上发布包括商品图片、规格介绍、使用说明等商品详细信息在内的描述内容。当买方企业有购买该种商品的需求时，即可登录 B2B 网站，通过网站平台的商品搜索或者店铺搜索功能找到自己所要找的商品，并进一步了解商品的详细信息。若买方企业对页面展示商品需要咨询，则可以通过网站上提供的聊天工具（如阿里旺旺等）与卖方企业人员进行交流。在平台上，双方企业可以查看对方企业信誉度的高低、以往交易者的评价，以此作为参考信息，考虑该笔买卖活动的敲定与否。如果买方企业认可卖方企业提供的商品，双方的交易活动就可以顺利进行。买方点击付款后，支付的款项会先存入第三方支付平台一段时间，待买方收到卖方的货物并确认无缺失或者损坏后可点击交易页面上的"确认收货"，第三方支付平台会把"寄存"的买方付款转入卖方账户。在买方提交对卖方商品及服务的评价后（可选项），整个交易过程结束。

（三）B2B 电子商务的发展趋势

1. 行业性与功能性融合趋势

对行业性的 B2B 平台来说，由于其行业领域限制，竞争只存在于行业内部，或者存在于与其行业关系紧密的行业或领域，因此行业性的 B2B 平台很难突破行业限制转向多元化经营。但是行业性的 B2B 平台能够与功能性平台实现联合、融合发展，达到优势互补的目的。由于大多行业性的 B2B 平台缺乏功能性专业技术，功能性平台的客户关系与行业经验也较为不足，因此将二者的优势联合势在必行。

2. 软件供应商联合趋势

根据关键供应商提供平台的差异，可将软件供应商分为三个不同的阵营，即交易平台供应商、交易软件供应商和拍卖软件供应商。B2B 平台的融合发展对软件供应商提出了新的需求目标，即不同软件供应商也需要进行区别化融合，传统"三足鼎立"的软件供应商分化格局将被逐渐打破。

3. 服务共享趋势

行业性 B2B 平台受限于行业壁垒难以实现突破，但近几年方兴未艾的新型超级平台能够实现同时提供基础框架和共享后台系统，并且以租赁形式服务于多元行业的功能网站的优势日益凸显。此外，各种软件平台功能日趋完善，客户数量不断增多，传统的交易型模式将派生出其他服务以满足市场需求，传统的商品交易场所也将随着互联网时代的发展呈现新的面貌。

（四）B2B 电子商务的运营模式

1. 企业 B2B 网站模式

企业 B2B 网站模式的前提是企业拥有独立运营的网站，通过此平台企业可与其供应商以及采购商进行直接的交易活动。企业 B2B 网站模式的主要目的是为网站拥有方提供便利，通过畅通沟通渠道来提高各方的工作效率，以此减少该企业的支出成本，为企业发掘更多的营收机会，助推企业的长足进步。由于此类型网站的建立需消耗的资金不是小数目，后期的运营管理也需要专门人员负责，因此，一般只有大型企业才有足够的实力建立自有网站，并且在网站上收集信用交易的相关记录。企业建立 B2B 网站信息化系统需要强有力的技术支持，或者有足够的资金将这项工作通过外包的形式委托给其他机构来做。在企业的自有网站上若能收集到较多的信用交易记录，就可以认为该企业规模实力较大，也可进一步推断其信誉状况较好。Cisco 公司就是一个此模式的优秀范例，该企业有 80% 的线上交易是在企业自有网站上发生的。企业 B2B 网站模式给予企业开发独立性信息平台的机会，这种模式能够及时为企业解决库存调节问题，从而为企业降低储存成本。这种模式具有较好的市场反应能力，可以有效地为企业规避风险，增强企业的抗风险能力。此外，此模式可以帮企业实现在线的全流程交易，包括买卖信息的发布、交易双方之间的沟通、电子面单的储存、交易活动的支付、物流查询服务及咨询服务等所有环节均在网上进行。目前，此模式网站的交易数量庞大，在所有 B2B 电子商务交易模式中所占比重也较大。但对于中国大多数企业来说，该模式由于对企业的要求较高，其在国内的推广还有一段距离。

2. B2B 交易场模式

B2B 交易场模式从本质上看属于纯数字化的线上交易平台，是由许多买卖方组成的虚拟市场，其主要活动为货物交换及服务交换。B2B 交易场是网络市场经济的主要来源，这是由于其中的货物或服务的价格不能完全由买家或者卖家决定，而是需要买卖双方达成共识，是由市场调节的，因此是完全市场化的。举例来说，证券交易所可看作 B2B 交易场的代表：买家和卖家的数量众多，股票的价格由买方和卖方共同决定，股票的价格表征方式为纯数字化的价格信息。由此来看，证券交易所可看作 B2B 交易场模式的有效应用。在美国，B2B 交易场很受欢迎，近年来逐渐兴起了 100 多家 B2B 交易场。

3. B2B 电子商务平台垂直型模式

B2B 电子商务垂直型模式指的是一个行业的门户网站，在这个行业中的生产商、分销商以及零售商等产业链上的企业都可以在这个平台发生交易。相对其他模式的 B2B 电子商务平台来说，垂直型模式针对的是同一行业的生产商、分销商以及零售商等企业，容易集中同一行业的资源，方便企业进行在线交易。近年来，垂直型模式已经成了发展的主流，但是垂直型模式难以有效进行信用评价。垂直型 B2B 网站虽然成了热门发展方向，但是在交易中无法获得详细的交易数据，难以对企业相应的信用数据信息进行收集，不能根据企业的情况建立完善的信用评价指标体系。

4. B2B 电子商务平台综合型模式

B2B 电子商务综合型模式为企业提供了发布产品信息、拓展交易渠道的平台，这个模式最主要是为中小企业服务的。中小企业通常没有能力或意愿建立自己独立的商业网站，于是通过第三方的 B2B 交易平台实现网上交易和推广企业品牌的作用。与其他模式下的电子商务平台相比，综合型模式更适合中小企业的发展需求；中小企业具有资金力量薄弱、业务量小的特点，独立建立门户网站不符合企业的发展需要；垂直型网站主要针对具体的行业，针对某一行业的供应商、制造商以及分销零售商，涉及面较窄；综合型模式的 B2B 网站涉及的范围更广，满足多种行业、多类型企业的需求。综合型模式下的 B2B 网站最典型的是阿里巴巴。在该平台中，买家企业根据自己对产品的需求很容易找到性价比较高的供应商，为买卖双方的交易提供了便利。

综合型模式下的 B2B 网站具有以下几个特点：①卖家企业交易渠道拓宽。在该模式下，企业可以通过在线发布产品、企业资质等信息，拓宽交易渠道，获得更多潜在交易企业的关注，以较低的成本减少广告的发行费用，相应地扩大企业的利益。②买家企业可以横向对比。在该模式下，买家企业不仅能够获得卖家企业的产品价格、质量等信息，并且能够获得同行业其他企业的产品信息。买家可以通过横向对比，筛选出性价比较好的企业进行交易。③扩大平台交易规模。相比传统交易模式，综合型模式下的 B2B 网站为买卖企业双方发生交易创造了环境，在该平台下，卖家企业可以展现自己，买家企业可以展现需求，选择性价比更高的产品；并且发生的交易受到电子商务平台的监督，进一步控制了信用风险，保障了买家企业的合法权益。

二、B2B 电子商务对物流配送的影响

B2B 电子商务在高速发展的过程中表现出多种特征，其中以网络化的特征最为突出。B2B 电子商务对物流配送造成的影响主要表现在以下方面。

①在 B2B 电子商务的环境下，物流配送的持续时间会大大缩短，同时人们对物流配送速度的要求会更高。在传统的物流配送管理中，由于信息交流的限制，完成一个配送过程的时间比较长，但这个时间随着 B2B 电子商务系统的介入会变得越来越短，任何一个和配送有关的信息都会通过网络在几秒钟内传到有关环节。

② B2B 电子商务的应用简化了物流配送过程。传统的物流配送环节较为烦琐，在 B2B 电子商务下的物流配送则大大缩短了这一过程：技术应用和信息管理可以使整个物流配送过程变得简单和可控，同时，随着物流配送的普及和发展，行业竞争加剧，信息的掌握、有效传播和共享，使得用传统的物流配送方式获得超额利润的机会越来越少，这也迫使物流配送简化过程。

③信息网络技术对 B2B 电子商务物流配送的实施起了重要作用，代替了传统的物流配送管理程序。一个先进系统的使用会给一个企业带来全新的管理方法。传统的物流配送过程是由多个业务流程组成的，受人为因素影响和时间影响很大，而 B2B 电子商务的应用可以实现整个过程的实时监控和实时决策。新型的物流配送的业务流程都由网络系统连接，当系统的任何一个神经末端收到一个需求信息的时候，该系统都可以在极短的时间内做出反应，并拟定详细的配送计划，通知各环节开始工作。这一切工作都是由计算机根据人们事先设计好的程序自动完成的，很大程度上提高了配送的效率。

④在传统的物流配送中，大量的人员从事简单的重复劳动。在 B2B 电子商务下的物流配送中，机械的工作都会交给计算机和网络，而留给人们的是能够给人以激励、挑战的工作。人类的自我实现的需求会在一定程度上得到满足。推行信息化配送，发展信息化、自动化、现代化的新型物流配送业，是我国发展和完善电子商务服务的一项重要内容，势在必行。

三、B2B 电子商务环境下的物流运作模式

发达国家 B2B 电子商务是建立在高效的现代物流基础上的，而我国的 B2B 电子商务是在传统物流向现代物流发展的道路上展开的。根据我国的实际情况，B2B 电子商务环境下物流运作模式主要有以下几种。

（一）自营物流运作模式

从我国的实际情况来看，国内一些企业自身拥有良好的销售网络和渠道，随

着电子商务的不断发展,这些企业在发展电子商务时可以充分利用自身资源,形成具有一定水平并适合自身需要的物流配送体系。由于发展自身物流体系投入资金量大,成本高,因而这些企业可以充分利用资源,承担其他企业的物流配送业务,分担各个方面投入,实现企业高效率、低成本的配送。同时,这些企业还可以与专业的物流企业建立良好的关系,让专业化的物流企业在必要的时候提供专业化的服务。

(二)第三方物流运作模式

第三方物流是目前 B2B 物流配送的最主要方式。随着现代物流在我国的快速发展,第三方物流的不足凸显出来。从整体来看,客户需要得到包括电子采购、订单处理、充分的供应链可见性、虚拟库存管理及必不可少的集成技术在内的,能够实质性地提高客户服务水平的多方面服务,而第三方物流企业的核心业务是物流业务的运作,与供应链整体解决方案还有很大差距,很难整合所有资源处理供应链上所有的物流项目。另外,我国第三方物流尚未建立起覆盖全国且具有外扩能力的综合物流系统,企业之间又通常各自为政,缺少充分的沟通。而今,随着企业分工的进一步细化,第三方物流向专业化方向发展的趋势明显。

第三节 B2C 电子商务环境下的物流系统运作

一、B2C 电子商务的发展历程

(一)探索期

1999 年,8848、当当网等网络零售平台出现,并逐渐成为 B2C 电子商务的探路者与核心。不过那个时候市场并不健全,缺乏固定的消费人群,配套性设施欠缺,导致其发展速度较慢,长期停滞不前。而互联网泡沫的破裂,直接导致网络零售行业萧条。

(二)调整期

2003 年,国内电子商务市场出现多次重大事件,直接关乎其未来发展:5 月,淘宝网正式运行;6 月,eBay 将易趣纳入自己管辖范围。自此,我国电子商务市场迈入调整期。2004 年，亚马逊将卓越纳入麾下，并且撬开国内市场大门。2004 年年底，淘宝网为了改善支付与信用难题，正式开通支付宝业务。2008 年 8 月，唯品会启动，国内电子商务业务进入崭新的发展时期。

（三）高速发展期

2010 年，当当网正式上市；2012 年，唯品会正式上市。网络零售市场进入投资回报期。很多实体企业开始关注电子商务，并且尝试将网络销售与实体经营有机结合起来，这给电子商务的发展提供了契机。电子商务注重创新与发展，不断提升服务质量，打造全球化的金融服务体系，这些都给市场经济的发展带来活力。

与此同时，随着经济的发展与社会的进步，消费者的消费观逐步转变，更加倾向于电子商务零售。各种电子商务平台短时间内涌入市场，产品种类越来越多，导致彼此间竞争趋于激烈，传统落后的价格战已失去价值，于是更多的商家展开理性竞争，电子商务业务逐步回归到商业的本质。

（四）成熟期

2014 年，京东与阿里巴巴等大型电子商务平台先后启动农村市场战略，聚美优品也实现上市目标。至此，经过多年的发展与建设，国内电子商务网络零售市场趋于规范，开始迈入成熟期。

二、B2C 电子商务模式分类

（一）综合型 B2C 电子商务模式

此类电子商务模式主要依托综合型 B2C 电子商务网站作为核心的交易平台，其本质是构建一类产品或服务门类多元的综合型 B2C 网络交易商城。综合型 B2C 电子商务模式不仅有助于企业进一步释放自身品牌的影响力，培育产品或服务衍生性利润的增长点，而且有助于企业培育自身的商业核心竞争优势。就我国当前 B2C 电子商务网站的运营现状来看，此类电子商务模式逐渐向精细化商品陈列展示、提高交易系统智能化水平的方向发展。苏宁易购、京东商城便是综合型 B2C 电子商务模式的典型代表。

（二）垂直型 B2C 电子商务模式

此类电子商务模式以垂直型的 B2C 电子商务网站作为交易平台，并致力于在核心领域挖掘产品或服务的利润点。对于大部分企业来说，采用该模式的核心商业竞争手段是与知名品牌企业缔结战略合作协议，增加与线下渠道商彼此间的协同性程度，完善售前、售后等全产业链服务。当前，垂直型 B2C 电子商务模式的工作重心是依托物流联盟或协作物流、自营物流等物流配送体系，不断扩大自身的产品线和产品系列，增强用户的黏性。

（三）传统企业转型电子直销模式的 B2C 电子商务模式

此类电子商务模式的核心实践方向是通过协调企业原有的线下渠道与 B2C 电子商务网站平台的利益，进行差异化产品门类的销售。例如，企业可以采取线上推销名牌产品、传统线下渠道主要销售具有地区特色产品的形式来销售，并通过差异化定价和个性化产品设计来不断地满足消费者的异质性需求。

（四）第三方交易平台类型的 B2C 电子商务模式

采用此类电子商务模式的企业多规模不大，往往是中小企业。这些企业主要选取具有较高知名度、客户流量与关注度的第三方 B2C 电子商务平台来发展自身的 B2C 商业运营业务。此类 B2C 商业模式前期投入资金较少，但由于缺乏自有电子商务平台的支撑，加之企业自身在仓储系统、供应链体系和物流配送体系等方面具有先天不足，此类商务模式的受制因素较多。

（五）传统零售商网络销售型的 B2C 电子商务模式

传统零售商通过自建 B2C 电子商务网站，将自身丰富的线下零售经验与电子商务契机有效结合，并通过业务外包等手段，解决 B2C 电子商务运营所面临的技术问题。

（六）纯网商 B2C 电子商务模式

纯网商的电子商务模式是指没有线下实体店，仅通过 B2C 电子商务网站进行产品销售。此类销售模式主要有自产自销和购销两种。

三、我国 B2C 电子商务模式的特点

B2C 电子商务自 1999 年进入我国之后，发展速度飞快，入驻商家与消费者数量稳步上升。B2C 电子商务模式主要有以下几个特点。

（一）便利性

在传统购物模式下，消费者需要自己去商城一家家门店逛一遍，逛的时间不够久的话可能都不知道每家店的主营产品和特色，甚至一天也了解不了几个品牌。而在 B2C 电子商务模式下，消费者只需要在家里或者能上网的任何地点网上逛店购物即可，节约了逛街和选择品牌的时间，在产品质量出现问题时也能马上在 B2C 平台进行维权。

（二）经济性

对于企业商家来说，入驻 B2C 电子商务平台进行销售是拓展商业渠道的广告行为。对于消费者来说，B2C 电子商务平台的产品价格往往比商场低一些，因为 B2C 这种商对客的模式在一定程度上减少了中间商赚差价的环节。

（三）用户群体广

伴随着互联网的发展，B2C 电子商务平台发展日趋完善，平台的有效推广、商家的优惠政策以及人们增长的物质需求使大量商家和消费者注册进入 B2C 电子商务平台。

（四）便于提供个性化服务

在传统销售模式下，企业商家通常提供的是大众化服务，商家卖什么消费者就买什么。而在 B2C 电子商务平台中企业商家在提供常规化服务的同时，可以很方便地调研收集市场信息并进行分析，从而提供满足消费者需求的个性化商品与服务。

（五）商业信用较低

这在目前是 B2C 电子商务模式的弊端。一些不良商家利用 B2C 平台看不到实物的特征而进行虚假宣传，导致消费者买到的实物与商品介绍不符，影响购物满意度，也让一部分消费者对 B2C 平台及一些企业品牌失去信心。

四、B2C 电子商务物流运作模式

目前，国内 B2C 电子商务企业众多，其采用的物流运作模式多种多样。从物流服务的系统资源角度可以将物流运作模式分为以下四类。

（一）平台自建物流模式

这是以投资自建为主，搭建智慧物流服务体系，实现仓配一体化的模式，是一种重资产的物流模式。例如，京东物流是典型的平台自建物流模式。

京东财报显示，截至 2020 年年底，京东物流在全国运营的仓库超过 900 个，在全国范围内已经落地运营使用了 30 座"亚洲一号"智能物流园区。这些在全国各地的仓储设施成为京东物流服务网络的关键网络节点，通过"智能大脑"的大数据技术进行监控和管理。在智能大数据方面，京东物流自主研发、自主集成的 WCS、WMS、ERP 系统，共同组成亚洲一号的"智能大脑"。通过"智能大脑"全方位的智慧功能和京东物流积累的多年经验，物流各环节的运转效率和质量得到了很大程度的提高。在此模式中，京东物流重点把控的是设施、技术和配送。通过在全国各地建立仓储设施，用大数据技术研发出"智能大脑"，并以标准化的配送服务树立企业形象等措施，京东物流发展成为京东商城的优势，这也是京东有别于其他电子商务平台的关键所在。

（二）平台整合物流资源模式

这种模式利用智慧物流平台，搭建中国智能物流骨干网，通过全面整合社会资源，建设服务于电子商务网购平台的智慧物流体系，提供智慧供应链服务。例如，菜鸟网络是基于淘宝、天猫等电子商务平台的物流需求，由阿里巴巴联合多家物流公司、相关金融机构等企业共同创建的大物流平台。菜鸟网络通过大数据建设了基于数据驱动的社会化协同平台，这种通过企业合作和技术创新的协同方式提高了物流效率和消费者体验，同时降低了物流成本的投入，使企业可以将更多的资金投入 B2C 电子商务的主体运营部分。在此模式中，菜鸟网络重点把控的是数据、技术和关键的网络节点。菜鸟网络在关键的网络节点处会投资自建或者租赁仓储设施作为仓储物流中心，在物流末端建设菜鸟驿站和社会自提柜。在由关键网络节点串联起来的整个物流网络中，菜鸟网络利用大数据技术进行监控和管理。

（三）电子商务物流服务外包模式

这种模式是电子商务商家把物流配送服务外包给第三方物流企业的物流模式。例如，电子商务平台拼多多主要采用的就是这种快递外包模式。目前，很多B2C电子商务平台在创立初期都会采用此种物流模式，而将其核心力量集中于平台建设和销售业务上，淘宝网在创立初期选择的也是这种物流模式。

（四）即时物流服务模式

这种模式是不经过仓储网点周转，直接点对点配送的物流模式。即时物流是从外卖服务业兴起的，随着电子商务购物模式的发展逐渐扩展到生鲜零售、大型购物超市、药品等B2C电子商务平台的物流配送。例如，饿了么、美团等电子商务平台目前采用的是这种物流服务模式。

笔者针对B2C电子商务物流模式提出如下发展建议。

①长期发展的B2C电子商务企业的物流模式应趋向于多元化。京东从最初的自建物流发展为现在的以自建物流为主、第三方物流作为辅助的平台自建物流模式，阿里巴巴的淘宝网、天猫从最初的物流外包给第三方物流发展为现在的整合社会资源、拥有一定自主性的平台整合物流资源模式。通过对阿里巴巴和京东的物流模式变化的分析可以发现，在企业不断发展壮大的过程中，单一的物流模式弊端会渐渐暴露。如京东物流的物流服务品质高，但其投资建设风险大，并且少数边远地区物流服务网络无法全覆盖；菜鸟网络的合作企业多、资源多、投资风险小，但其企业管理难度大、物流服务的质量无法保证，对消费者的消费体验具有一定的影响。而此时采用多元化物流模式则可以取长补短，对于B2C电子商务的长期发展更有利。

②B2C电子商务企业的物流模式需依据自身的发展特点和发展模式进行选择。目前京东和阿里巴巴旗下的淘宝网、天猫的物流模式均为多种物流模式相结合，但其各自物流模式的主体不同。京东是以自营物流——京东物流为主体，而阿里巴巴旗下的的淘宝网、天猫则以多个物流企业等联合的菜鸟网络为主体，其物流模式都是根据企业自身的发展特点、发展模式进行选择的。B2C电子商务企业在对物流模式进行选择时，需要依据自身的发展特点和发展模式做出相应的选择，只有选择了合适的物流模式，才能真正地为电子商务的发展赋能，保证企业快速、平稳发展。

③运用大数据等信息技术，建设智能化物流运营模式。目前大数据、智能化模式的应用越来越广泛和成熟，它是现代物流模式中必不可少的组成部分，在物流领域、经济领域、教育领域都在逐渐"信息化"。通过大数据等互联网技术可以使物流系统智能化，构建智慧供应链，在提高物流效率的同时提高工人作业的安全性，这对于 B2C 电子商务发展是一个重要的突破点。所以，如何利用大数据实现物流模式的智能化是物流模式发展成功突破的关键。

第四节　C2C 电子商务环境下的物流系统运作

一、我国 C2C 电子商务的特点

（一）交易的网络化特点

与传统的实体行业交易模式相比，C2C 电子商务是通过网络交易平台实现的一种虚拟交易活动，尽管会有物流配送、货到付款等与传统商品交易活动相似的地方，但是最重要的整个交易环节还是通过互联网以电子数据的形式记录下来的，这就避免了传统实体交易模式中买方与卖方要先拟定好合同，然后进行现金交易等一系列烦琐的程序，达成了交易的无纸化和简单化。由于不用出具纸质的合同或者发票等单据，也不用考虑商铺租金的问题，交易成本得到了很大程度的降低。此外，商品的相关信息都会呈现在商家的店铺中，与传统的销售场景中仅有一个简易的外包装或听卖家自说自话不同，消费者可以根据商品的详细介绍来判断是否与价格相匹配或者符合自己的需求，而且可以根据商家店铺中的销售情况或者评价来进行衡量，而这些在传统的商品交易中是无法做到的，实现了交易的公开化。综上，交易方式网络化就会产生无纸化、简单化和公开化的连锁反应。

（二）交易的个体化特点

这可以说是在电子商务众多模式中 C2C 电子商务所特有的性质。从 C2C 电子商务的定义中可知，该模式下的购销双方都是个人，是个体商户和个人之间进行的交易活动。对于销售者而言，个体商家利用手机或电脑等电子设备，在电子

商务交易网站中申请注册账号,创建自己的网络店铺,凭借自己设计的店铺格局和销售的商品样式来吸引买家。而对于购买者来说,通过电子商务交易平台特意搜索或者随意翻看来寻找自己中意的商品,然后以网络聊天的方式同卖方交流达成购买意向,最终下单付款后获得该商品。正是由于 C2C 电子商务交易的个体化,使买卖行为变得十分灵活,交易程序也在很大程度上得到了简化,进而降低了交易的时间成本和资金成本。但是这也导致了该模式下全行业的成交量过于庞大,而每单成交额相对较少,同时交易的风险程度加大。

(三)交易的随意性特点

C2C 电子商务的随意性包括时间和空间两个部分。在时间这个层面上,电子商务平台除网络故障外是不会停止工作的,这就帮助 C2C 电子商务打破了实体商场那种 12 小时制的商业模式,实现了类似 7-11 便利店的 24 小时工作方式。消费者能够根据自己的意愿在任何时间段内进行下单购物,而只要销售者愿意,甚至可以做到 24 小时的人工服务在线的无时间限制的购销交易情景。在空间层面,全世界各个国家都已经普及了网络,因此只要有个人手持电子移动设备就可以不受空间的限制,实现跨越地区、跨越国家的交易行为,这也促进了经济全球化的发展,使各国经济得到不同程度的受益。

(四)交易的虚拟性特点

C2C 电子商务程序的虚拟性主要是因为互联网技术本身就脱离现实世界,通过电子数据和程序代码运行工作,所以在 C2C 电子商务下进行的交易自然也不会涉及实体店面、纸质凭证和现金等,而是以电子数据的方式予以存储。同时,C2C 电子商务的主体又与 B2B、B2C 的主体不同,B2B 和 B2C 这两种模式下的销售者是以公司为主体进行交易的,在工商部门和税务机关都已经完成了相关登记,然而 C2C 电子商务的销售者是个体,其只需要在电子商务平台上输入信息注册即可开始销售自己的商品,起初是不需要经过任何登记管理的。尽管在 2019 年 1 月起施行的《中华人民共和国电子商务法》中规定了电子商务经营者要进行工商和税务登记,但是庞大的商家数量导致商家信息的真实性是不可能完全保证的,更何况目前还并未有强制性的惩治措施,也不能保证每个商家都进行登记,对销售方信息认知的深度和广度是无法与公司方相媲美的。

二、C2C 电子商务交易流程

电子商务的经营模式虽然有许多种，但交易流程大致相同，这就为构建行之有效的税收管理方式提供了可能。C2C 电子商务在交易流程上一般都有六个阶段，如图 5-1 所示。买方与销售方签订销售合同或协议，生产订单；买方向第三方支付平台预付款；销售方发货；买方确认收货，并向第三方支付平台发出支付指令；第三方支付平台向销售方付款；买方对商品质量和服务进行评价。

从交易对象和服务提供者来看，C2C 电子商务涉及四方面的关系，一是卖方；二是买方；三是第三方支付金融中介如银行等；四是物流提供方。

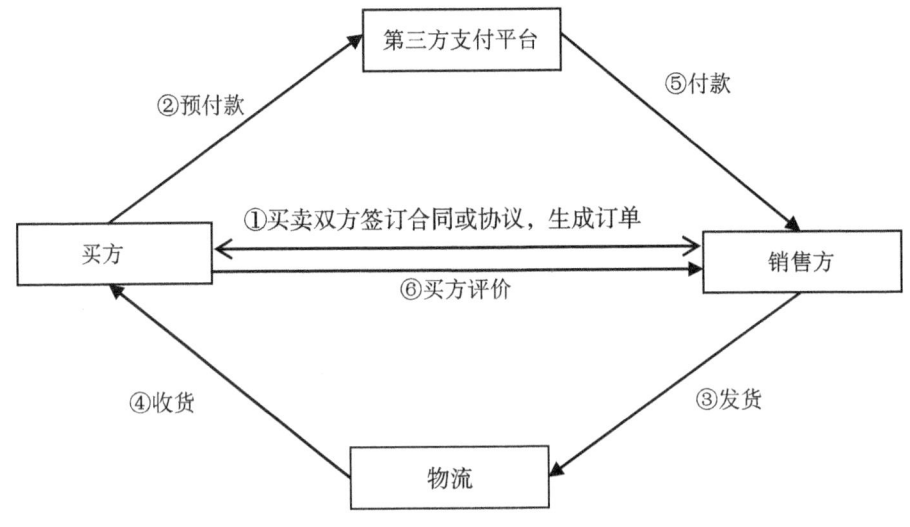

图 5-1　C2C 电子商务交易流程图

三、C2C 电子商务的发展

互联网自 20 世纪 90 年代进入中国发展到今天已有 30 多年。1999 年，邵亦波创立"易趣"，中国第一家 C2C 电子商务模式平台诞生。概括来说，我国 C2C 电子商务模式在网络零售领域不断与时俱进，早已从稚嫩走向成熟。

（一）萌芽期（1997 年—1999 年）

电子商务刚刚在我国出现，大众对电子商务缺乏了解，我国电子商务处于探索萌芽状态。在此阶段中国化工网站、8848、阿里巴巴、易趣网相继成立。1999 年，我国 C2C 电子商务模式诞生。

（二）基础期（2000年—2007年）

在此期间，受互联网泡沫等因素影响，超1/3的电子商务平台销声匿迹。从2003年开始，国内大批网民开始尝试网络购物，C2C电子商务模式复苏发展。2003年，阿里巴巴成立淘宝网，并同步推出阿里旺旺和支付宝服务平台支持其发展，同时腾讯公司推出拍拍网，再加上eBay易趣，我国C2C电子商务模式"三足鼎立"格局形成。2006年，国家出台支持电子商务经济发展政策，C2C电子商务模式网络购物蓬勃发展。

（三）发展期（2008年—2015年）

此阶段，我国电子商务竞争激烈。2009年3G正式商用，网络购物用户破亿。淘宝网形成气候，服装、鞋包、家居等行业消费占比上升。2010年，大量传统经营者和线下资金流入电子商务，网民数量和物流快递行业呈爆发式增长，电子商务迈入移动化发展。2014年，阿里巴巴携旗下淘宝网、天猫平台上市，我国电子商务开启上市潮。随后2015年因为移动互联网的发展和智能手机的普及，移动电子商务进入风口期。

（四）成熟期（2016年至今）

从2016年到今天，我国电子商务平台格局已定，垂直细分领域继续深耕。2016年底阿里巴巴推出"新零售"概念，带领电子商务回归。我国C2C电子商务模式已形成了淘宝网、易趣、拍拍三足鼎立之势，其中淘宝网独占鳌头。

四、C2C电子商务物流运作模式

（一）C2C电子商务交易的特点

C2C电子商务属于电子商务的一种经营形式，因此与其他电子商务经营形式存在着许多共同特征，但又由于其交易主体都是个人消费者并借助于C2C电子商务交易平台实现的信息沟通来实现商品或服务的交易，因此又有着不一样的交易特征。

1. 交易主体的多元化

C2C电子商务实现的销售基本是网络零售，买卖双方原则上都是个人，一般不适用大宗商品的销售，但广泛适用于一般性的商品或服务贸易。而对于个别单位或组织以零售的方式从个人电子商务处购买也属于广义上的个人。与此同时，由于C2C电子商务平台对从业者的资质、规模、资金要求相对较低，不少个体工商户也就开始借助C2C电子商务平台逐渐将线下的商品或服务销售转向线上，这就导致了C2C电子商务交易中也可能存在其他形式或性质的交易主体，因此就进一步导致了交易主体的多元化。

2. 交易形式的虚拟化

一方面，买卖双方可能相隔万里，并不需要面对面地进行协商谈判，对交易对方的认知主要借助信用评价和C2C电子商务平台的监管，而交易中的信息交换也都是通过网络完成的；另一方面，买方通常在下单前对商品的认知不多，也没有看到实实在在的商品，仅仅凭借着图片或信息介绍等资料获取了解。

同时，货物交易和资金交付也不是当面交换，而是借助物流公司和第三方支付平台来实现的，其支付的货币更具有电子货币的特征。

3. 交易过程的无纸化

在交易过程中，买卖双方并没有完整的书面合同，没有完整的商品验收单据，一般个人购买也较少索取增值税发票，交易支付也是通过网上银行进行，整个交易过程除开物流信息单据外，没有其他的纸质票据。而作为卖方来讲，一般应当建立完整的账簿资料并进行规范的财务核算，这是C2C电子商务个人销售者不具备的。在无纸化交易的背景下实现的交易信息均是以电子信息存储的，导致了交易信息容易被篡改、不易保存等问题，加大了监管难度和涉税风险。

4. 交易空间的无界性

C2C电子商务最大的优点在于经营形式灵活，对销售者没有苛刻的限制。一方面，随着跨境电子商务的不断发展，理论上世界各国的商品都可以通过互联网实现交易，这就完全打破了地区空间限制和国际空间限制；另一方面，销售者实现的产品销售也是无界限的，C2C电子商务业主不一定非得经营自己生产的商品，商品也不一定就要求来自登记注册地，完全颠覆了传统商品交换的"运动轨迹"。C2C电子商务交易的时间也并不受限制，消费者随时都可以下单，系统也可以随时自动受理。

（二）C2C电子商务的物流特点

C2C电子商务被定义为消费者和消费者之间的电子商务，因此它不可能像

B2C 电子商务那样每笔交易能达到数万数百万元，乃至数千万、上亿元的交易额，总体来看，C2C 电子商务单笔交易额小，但交易总量很大。同时，由于中国互联网网民基数庞大，男女老少、各行各业都有，而且由于互联网的无边界性，C2C 卖家、买家居住于分散的各地，导致物流无法集中化配送。到目前为止，几乎所有 C2C 电子商务都没有自己直属的物流公司，因此 C2C 交易商品的配送基本上靠第三方物流来完成。

目前，在我国 C2C 电子商务市场上，主要有淘宝网等运营商。随着 C2C 电子商务交易量在中国网购市场逐年增长，物流产业迎来了一个迅速发展的时期，特别是近几年来，电子商务网购节"双 11""双 12"等时期销售火爆。C2C 交易多为小件商品，且交易批量小，物流费用所占比例较高。C2C 使用第三方物流是必然选择，但当前还存在一些问题：一是费用过高，尤其是一些低价值商品可能单件商品配送费都高于商品价格；二是服务质量不高，表现为配送时间难以保证、商品在配送过程中容易损坏、配送员送货时态度较差等。

（三）C2C 电子商务的主要物流模式

1. 物流联盟模式

物流联盟是指 C2C 电子商务网站与邮政、快递等物流企业组成的物流产业链，电子商务平台在其中扮演产业链的中枢角色，对各方面的物流资源进行合理而高效的整合与利用。在这一模式下，物流企业的收入与 C2C 网站密切相关，同时网站的形象也需要联盟物流企业的支持。基于共同的利益，两者能够较好地形成物流联盟，共享资源。物流企业也可以更好地利用资源，降低物流成本，提高服务质量。

2010 年 6 月 18 日，淘宝网正式推出淘宝"物流宝"平台。这是一个由淘宝网联合国内外优秀的仓储、快递、软件等物流企业组成的服务联盟，试图通过提供一站式电子商务物流配送外包服务，来解决目前网购商家货物配备和递送难题。

建立物流联盟模式的基本原则就是要聚集起 C2C 中原本分散的物流，产生规模效应，达到减少运费和缩短运送时间的目的，同时增加客户服务质量。这种模式建立的基本条件是第三方物流的成熟。目前在我国，第三方物流发展迅猛，国外的物流大鳄、中国邮政的 EMS 以及大量出现的民营快递公司齐头并进，服务范围和服务内容逐渐规范化。

2. 指定或推荐物流模式

在 C2C 电子商务平台上开设的网上商店，规模大小差异很大，在其与物流快递公司的合作过程中，店大欺客和客大欺店的现象同时存在。为了减少物流成本的差异性以及为网上商店提供优质的物流服务，电子商务平台可以充分利用自身的优势，与规范的、专业化的物流快递公司建立战略合作伙伴关系，向全体网上商店推荐这些物流快递公司，而 C2C 网上商店可以自愿选择是否采用平台推荐的物流快递公司。

使用推荐的物流快递公司能够加强电子商务平台对物流的控制力。因为使用推荐的物流快递公司后，网站可以对相应物流快递公司的物流配送情况进行监督，推荐的物流快递公司也可以为用户提供更好的服务和更优惠的价格。而且一旦出现差错，如发生破损等情况，网站接到投诉后，便会监督物流公司的投诉和理赔情况，这样也会降低网站用户索赔的难度。

3. 局部联合物流模式

在 C2C 网络交易平台上，大多数卖家属于兼职类，他们所开设的网店商品交易频率低、数量小，因而缺乏与物流公司和快递公司进行价格商谈的能力。大部分的卖家只能是一个物流价格的接受者，在商品配送中处于被动的地位。假若在自愿的基础上把相同地区或相近地区的卖家进行联合，由某一专业物流公司进行商品的统一配送，就能达到把小批量商品集合成大批量商品进行运输的目的，大大增强商家与物流公司进行配送价格谈判的能力。而对于物流公司来说，也能削减由于频繁揽货所带来的巨大开支，节省物流资源。这种模式只适合于 C2C 交易较为繁荣的地区，因为在这些地区才能有足够多的卖家整合成一个力量强大的联合体来充分利用物流资源。

4. 便利店模式

便利店模式来自 7-11 便利店的服务模式，即充分利用分布于各居住区的便利店来完成物流快递的最初和最后一公里，让便利店成为物流快递公司的接货起点与终点送达手段。便利店营业时间长，贴近居民区，如果辅以社区网格化的宅配服务，就可以成为 C2C 电子商务的物流创新模式。简单地说，当客户通过网络完成订单后，商家可以通知客户去距离最近的连锁店完成交易，或者由宅配人员上门完成交付。这样既可以极大地降低或减少物流快递公司的配送成本，又可以使原有的便利店资源得以充分发挥作用。尤其对上班族来说，便利店送达可以减少因为上班错过送货时间的情况。

便利店模式的前提条件是网络化的便利店，充分利用信息平台把便利店网络与物流快递网络、网上商店电子商务平台网络等整合起来，实现网上网下联动。在我国，目前国内连锁便利店主要集中于上海、北京、广州等大城市，全国范围内统一的便利店系统尚未形成，受到便利店跨区域配送能力的局限，因此对于无门店支持的跨区域配送，还需要第三方物流的支持。

第五节 O2O 电子商务环境下的物流系统运作

一、O2O 电子商务的结构

电子商务是利用计算机技术、网络技术和远程通信技术实现商务活动电子化、数字化和网络化的过程。作为一种全新的商务交易模式，电子商务自诞生以来就为社会经济的发展提供了强大的推动力，这一新型便捷的交易方式也极大地改变了人们的生活方式。

我国电子商务自 1994 年正式发展，随着信息技术的突飞猛进以及国家相关政策的相继出台，2020 年电子商务交易规模达到 37.21 万亿元，已经成为消费者的主要购买渠道之一。电子商务包含了如 O2O、B2B、B2C 等多种运营模式。

O2O，即 Online to Offline，其实质是线上和线下两条渠道相互融合的一种商业模式。整个交易过程由供应商、O2O 电子商务平台、消费者三个主体构成，交易过程分为线上和线下两个阶段。供应商通过线上平台为消费者提供商品服务信息、价格和展示评价，消费者通过线上平台了解商品服务信息、购买和反馈评价；供应商在线下为消费者提供商品与服务，消费者在线下完成交易、享受服务。可以说，O2O 帮助不少传统行业实现了"互联网+"的转变。

（一）供应商

对于供应商来说，搭载利用 O2O 电子商务平台不仅可以增加宣传渠道，得到更好的推广效果，拥有更广阔的消费者市场，而且可以借助平台的商家后台等功能收集消费数据，以便更好地了解消费者需求与喜好，继而根据消费者偏好迅速做出反馈，从而增加产品销量，提高收益。因此，相较于传统的销售方式，供应商利用 O2O 电子商务平台将会有效降低经营成本与风险。这使供应商在选择

O2O 合作电子商务平台时，会将平台所具有的知名度及影响力、拥有的消费者数量、收费标准等作为重要参考因素。同时，在 O2O 电子商务平台上存在着许许多多供应商，在激烈的市场竞争下，产品的质量与服务的水平成为供应商是否能赢得竞争的关键。交易结束后，消费者会在平台上对购买的产品或服务进行评价，消费者的满意度会影响其他消费者对该产品或服务的购买决策。因此，供应商只有不断提高产品的质量与服务的水平，才能吸引更多的消费者，增加销量与收益。

（二）O2O 电子商务平台

O2O 电子商务平台是 O2O 电子商务模式的核心，平台的服务对象包括线下供应商和消费者两方。对于供应商而言，平台的作用在于提供一个用于产品与服务的展示与宣传的虚拟线上市场；对于消费者而言，平台为其提供了一个便捷获取产品及服务信息、无纸币化购买以及反馈评价的渠道。平台为双方用户都提供了便捷的服务与支持，双方用户的参与也增加了平台的流量，平台可以从双方用户中收取费用、获得利润。同时，为了吸引更多的供应商与消费者加入，平台会开展打折促销活动、派发优惠券、提供增值服务等，这些优惠措施不仅能为消费者带来实惠，还能为供应商提供折扣。

（三）消费者

对于用户来说，平台使其更便捷更充分地获取产品与服务的信息，消费者可以根据自身的需求在平台上搜索与之需求相匹配的产品与服务，从而提高消费者的效用水平及满意度。同时，供应商开展的折扣活动或者平台开展的折扣促销活动，可以使消费者以折扣价格购买需求的产品与服务。除此之外，消费者还可以将自己对产品或服务的评价与建议通过平台反馈给供应商，为其他消费者提供借鉴或维护自身权益。

二、O2O 电子商务的特点

（一）以实体为基础

O2O 电子商务模式由线上交易和线下体验两个阶段组成。与一般的电子商务活动不同，O2O 电子商务活动以实体为基础，线上利用平台对商品与服务的信息进行展示，吸引消费者到线下进行真实体验，最后让消费者对产品及服务的体验做出评价反馈，从而形成一个闭环。O2O 电子商务模式利用线上线下相互赋能，线上做营销推广，线下靠质量和服务的口碑传播，全渠道融合，是一种全新高效的交易模式。

（二）以体验为重心

当下传统的各类商业模式已经较难满足现在消费者日益增多的需求。传统的将产品作为企业的核心的思想已经难以适应当下的实际要求，以客户作为核心才是企业获取最终利益的根本。现今的各种类型移动电子设备及其与互联网的紧密结合，可以让不同需求的用户享有方便快捷的 O2O 服务，让消费变得简单快乐，消费者只需打开手机操作就能完成从初始预订到交易成交再到售后反馈的全部操作。这是移动互联网给商家和消费者提供的主要功能。例如，消费者可以通过在实体店内或者网络平台完成购买的整个流程操作，利用手机来支付费用，从而极大地降低了原本收付款的时间，让消费变得更轻松。另外，LBS 定位的服务模式满足了广大用户的需求。基于位置服务的主要功能意味着用户可以通过各种地图软件来查找周围的店铺，让消费者更快更详细地了解店铺的销售产品及实际地理位置信息。

（三）以数据为核心

在 O2O 模式中，数据发挥着极其重要的作用，为实施精准分析提供了前提。在整个商务交易链条中，不管是消费者层面，还是企业、供应商、物流等层面，都会产生庞大的数据，而这些数据则是有效链接不同主体的重要通道。

基于 O2O 模式，对全过程中的数据进行深入的分析，经过数据的搜集、整理、转换、提取、分析、整合、利用等步骤，可以得到目标客户的特征，从而更有利于企业进行市场细分和定位，以推动企业获得更高的价值。通过数据，企业能够更科学、合理、准确地了解消费者当前或者未来的消费需求情况。基于消费者的购买方面的信息，企业可以结合消费者的年龄、习惯等方面的数据，更好地了解消费者的偏好，从而可以有针对性地制定营销策略，以更好地吸引消费者，促使其产生购买行为。同时，基于互联网，企业还可以充分利用 LBS 定位这一工具，分析网络日常搜索的信息，选择满足客户需要的信息进行推送，再借助营销工具以及定位工具，为用户提供线下实体店铺等方面的资源。也就是说，O2O 模式充分地将线上营销、线下决策整合在一起。

(四)推广效果可检测

供应商传统的推广方式如做广告、做活动等难以统计营销推广的真实效果,不能准确了解消费者的需求偏好,不能对消费者的购买行为进行有效预测,从而导致营销活动具有盲目性。O2O 电子商务模式使供应商通过交易数据,分析交易质量和推广效果,由此掌握消费者数据,然后通过与消费者的交流,了解更多的消费者需求,为做出下一步调整提供借鉴,这不仅能提升营销效果,还能维护消费者对品牌的忠诚度与满意度。O2O 模式可以预测消费者行为,通过对交易数据跟踪,将大量有效信息反馈给供应商,从而为供应商做出决策提供借鉴。

(五)具有服务性质

O2O 电子商务平台的建立,像一座架在供应商与消费者之间的桥梁,为供应商与消费者提供了直接交流的渠道,同时,互联网的高效率信息交换改变了过去传统营销渠道的许多环节,将复杂的分销关系简化为单一关系,使供应商节约了经营成本,降低了经营风险。消费者也可以在平台上根据自身需求搜索产品与服务,节约了消费成本。

O2O 电子商务平台的销售模式,使线上、线下两方面紧密结合,带给消费者全新的购物体验,并且成为促进线上平台及线下实体店的共同发展模式,缓解了电子商务与实体经济之间的矛盾,将两者利益紧密相连,形成共同发展的局面,促进互联网经济和实体经济的共同发展。

(六)整合并发挥线上、线下的资源优势

从资金交易方面来说,线下更为安全。对于支付资金来说,可通过现金支付这种支付风险相对较小的形式来进行卖方和买方之间的交易;对于资金回收来说,传统的资金回收方式更加便捷,真实性和可靠性也更高。而且,当一个企业无法准确获知外部市场信息时,会更多地利用传统的模式,通过企业建立起来的人际关系和信息来开拓市场。但线下交易方式也并非完美,线上方式便慢慢产生、发展。尤其是随着网络的发展,O2O 电子商务方式让很多局限在传统方式的企业有了新的发展规划。

企业利用互联网平台,将产品从销售到售后一系列工作集于一体,很大程度上利于产品的营销,简化了传统的营销结构。电子商务的线上运营不仅扩大了品

牌的影响范围,而且有效降低了传播的成本。但同时线上方式也存在一定的缺陷,如消费者无法获得较好的体验、信息不对称、物流滞后等方面的问题,这也是电子商务企业亟待解决的问题。由此可见,不管是哪种渠道,都存在着优势和不足,而优势部分则是其独有并且其他方式难以超越的。在这种情况下,一种结合线上线下优势的O2O模式出现了,它将两种方式进行结合,尽量避免线上、线下各自的不足之处。比如线下方式的产品存储物流比较方便,为了有效减少运输成本,将仓库通常选择在交通便利的地方,提高产品存储的效率。O2O模式将线下的配送优势,同时结合线上的支付方式,来提高消费者的满意度,大幅度满足消费者对商品的需求。

三、O2O电子商务的主要优势

(一)推动实体与网络虚拟经济协同发展

在电子商务尚未出现时,传统零售行业主要进行线下营销,而O2O电子商务改变了这一行业特征,实现了营销模式的根本转变,拓宽了交易空间,缩短了交易时间,简化了交易方式,实现了企业经营和管理模式的颠覆性变革。越来越多的企业开始选择O2O电子商务运营模式,以促进企业进一步发展。传统实体经济与网络平台互相配合,互相支持,线下线上形成共同体——这将是今后市场发展的新常态,传统实体经济与网络虚拟经济密切协作,共同发展。

(二)削减营销成本

电子商务高速发展的背后离不开社会经济的迅猛发展,电子商务的发展和整个消费群体的购买力是相对应的。通常来说,传统零售企业需要投入较大的资金进行营销,例如产品的引进、物流配送、广告宣传和后续服务等。O2O商业模式改变了这一被动局面,很多环节可以简化或由线上直接推行,如消费者想要购买商品时,可以在商家的线上平台进行选择和支付,在线下实体店进行体验和取货。这种消费者与商家互动的模式便是O2O区别于之前营销模式的地方。O2O模式在这一过程中给商家带来的红利之一就是在低的营销成本下给商家带来了相对较高的营销效果,同时,它还扩大了卖家的服务范围。

此外,该模式还降低了商家的选址成本、店铺门面成本。在O2O模式的互联网平台上,各商家之间没有传统意义上地理位置的距离,也不会因为选址偏僻而被消费者抛弃，消费者选择商家的概率几乎不存在差别，因此，该模式进一步减少了商家的成本支出，也为消费者提供了众多选择对象，同时，在一定程度上降低了产品价格，实现了共赢。

（三）提高资源利用率

网络购物平台的出现，跨越了传统意义上的空间距离限制，任何消费者都可以在网络购物平台上进行购物选择，也支撑了线下资源的整合和拓展，极大地促进了企业与消费者之间交易的产生，这就是O2O模式的显著优势。在此模式下，企业可以充分运用现代技术信息分析手段收集和分析营销数据和消费者信息，以便提供更优质的产品和服务。例如，根据不同地域和年龄段的消费者群体提供差异化、个性化的产品，从而进一步促进销售。除此之外，O2O模式另外一个显著特点是不仅能够促进商家与消费的共赢，而且能够惠及配套产业等第三方。

四、O2O电子商务的发展历程

2008年，美国团购网站Groupon创立，自此团购网站开始盛行。紧接着国内的团购网站纷纷发展壮大，美团、大众点评和糯米网等网站分别开始了攻城略地般的发展，覆盖面包括餐饮业、旅游业、酒店业等行业，并在最少的时间里发展成了"千团大战"。那时无论是电子商务平台还是传统企业，没有人不在努力争抢这块由O2O模式产生的大蛋糕。

在O2O第一个发展阶段，关键词是引流和促销，网站希望把互联网上的庞大消费力释放给线下的商家，主要有四种典型模式：一是以美团为代表的团购模式，以促销方式在线销售各种体验业态的服务及商品；二是以携程、艺龙为代表的在线旅游代理模式，在线销售机票、酒店及旅游度假产品；三是以大麦网、格瓦拉为代表的在线综合票务模式，在线销售文艺演出、体育赛事、文化展览、电影娱乐等各类门票；四是以大众点评、58同城、赶集网为代表的商家点评和在线分类信息模式，为消费者提供消费发现及黄页信息，引导消费者到线下商家去消费。

在O2O第二个阶段，网站开始往行业纵深和价值提升方向发展，但核心概念依然是需求与供给的匹配，主要有两种典型模式：一是重构营销界面。客户的需求本身存在，只是传统的服务模式效率低，利用移动互联网地理位置强相关的特性，可以满足其需求的成本更低、效率更高、体验更好。如在家政类

O2O 模式中，无论是 e 家洁、阿姨帮，还是 58 到家中的保洁服务，服务本身是在客户家中交付，同样把服务者预约、在线支付和评价放到线上进行。二是重构消费场景。通过移动互联网的新特性，发现用户的新需求，建立全新的消费场景，上门服务成了创新的焦点。美甲、美容、按摩、摄影、洗车保养，甚至是吃饭等服务原本需要消费者到店消费，由于移动互联网的便捷性，可直接预定服务到家消费，创造了新的消费模式。在这个阶段，O2O 电子商务建立了一种更高效率、更低成本的需求与供给的匹配机制，为了更快达到规模化，让需求与供给双向促进，同时也为了应对竞争，企业一般会对服务者和消费者持续给予高额的补贴。

五、O2O 电子商务的物流特点

（一）更快的配送速度

客户体验是所有企业最为关注的部分，其主要可分为实物体验与物流体验。电子商务的快速发展，让越来越多的电子商务企业在满足客户需求的同时开始逐渐重视客户的物流服务体验。客户在线上下单，而线下的物流配送环节延迟，导致客户无法及时收到商品，这会极大降低用户的物流体验。在 O2O 电子商务背景下客户对物流配送速度要求更为严格，因此物流配送速度成为除成本之外企业需要考虑的最重要因素。O2O 电子商务企业通过不断缩减物流配送时间，来满足客户物流配送的时效性要求，这对商家来说是一个挑战也是提高核心竞争力的机遇。现在甚至出现了可预约的配送。客户提前在手机 App 上下单，下单时选择好物流配送时间，商家根据客户的需求在预约的时间段内给客户提供配送服务。这样做不仅可以提高消费者满意度，还能提高企业物流配送的效率。

（二）准时的配送

当客户在线上下单之后，根据客户对物流配送时间的要求，企业提供准时的物流配送服务。

（三）更高效的逆向物流

在 O2O 电子商务背景下，客户更重视体验。客户在线上下订单，线下拿到所购商品，这只是完成了物流配送服务的一部分任务。除商品配送服务外，客户还存在退换货等需求，也就是企业逆向物流。某些电子商务模式没有线下服务（如

B2C 模式），这种逆向物流服务也只能在线上完成，这就会造成逆向物流服务等待时间长等问题。而 O2O 电子商务背景下的线下服务为客户提供了售后服务，这也使得客户对物流服务有更高的要求。

六、O2O 电子商务物流运作模式

（一）公共物流体系 O2O 运作模式

1. 公共物流服务 O2O 联动经营

在公共体系 O2O 运作模式中，线上物流信息平台有两大功能板块，分别是信息处理中心和基于 SaaS（Software as a Service，软件即服务）平台的物流管理信息系统。

2. 线下—线上—线下

线下供应商、渠道经销商、客户、物流服务商以及物流节点里的各种物流设施设备，将各自的线下信息共享到线上平台（线下—线上），信息处理中心就获得大量的物流供求信息，并对数据进行整合、分析和挖掘，从而实现物流资源的最佳配置。这种配置往往是基于定位的线下区域物流中心进行选择，然后再基于定位的物流服务商进行选择，当选择好物流服务商后，信息处理中心负责物流任务的分配（线上—线下）。

3. 线上—线下—线上—线下

物流服务商接受物流任务，并开始承担相应的物流服务（线上—线下）。物流服务商负责将线下物流活动产生的物流运作信息录入和传输到线上 SaaS 系统中，满足制造商、渠道经销商、客户的在线物流跟踪与查询需求，以便相关方能够实时了解物流活动，及时协调解决各种物流问题（线下—线上—线上）。SaaS 物流系统不仅可以提供在线物流跟踪与查询服务、客户关系管理服务，更重要的是可以利用信息处理中心的各种数据优化线下的物流运作（线上—线下）。

4. 线下物流中心的开发与运营

线下部分可以采取新建、整合各地方原有的物流设施设备的方式，组建线下公共物流中心，铁路、公路、航空、水运等公共物流体系也可加入进来。物流中心的选址问题需考虑线上商品销售数据、线下物流主要分布网络，再根据经济环境和交通条件等决定。物流设施要达到的物流运作规模也应根据线下商品销售数据和线下物流运作的数据来决定，以达到资源的合理配置。当公共物流体系线下部分建设完备后，可以出售或租赁给电子商务企业、制造企业、物流企业、货运企业等社会企业，做好物流中心的管理、运营、维护，具体到商品的出入库管理，货品的陈列和管理，物流订单的分拣和包装，选择、优化、管理协调"落地配"公司的运输和配送管理等。建设和运营线下物流设施的企业通过提供物流地产项目和物流配套服务而获得经营利润。这些企业入驻线下物流公共体系后，其物流信息化管理全部纳入线上的公共平台。线上的公共物流信息平台将整合线上线下数据，实现物流的整合管理。

（二）"快递＋零库存＋便利店"模式

网购服务社区店是一种"快递＋零库存＋便利店"的模式，以整合渠道资源为顾客提供更加灵活、便利、智能的线下社区服务体验，除提供快递代理服务外，还增加了便利店所具有的便民服务。

1. 商品预购功能

商品预购是指某个产品并未生产出来，客户可以根据自己的需要提前预订所需量，等产品出来后再进行购买。

2. 网购线下体验

网上购物可以让消费者不出门便可以买到自己喜欢的商品，节省时间，而且可以享受优惠，但存在的缺陷是无法看到商品实物，无法辨别商品的真伪好坏。网购服务社区店便提供了线下体验，买家通过线下体验确认商品符合自身需要再下订单，自由选择线上支付还是线下支付，高效便捷。

3. 便民服务

在网购服务社区店可以购买机票、火车票以及充话费等，这和其他便利店的功能是一样的，目的是为小区人员提供生活便利。

4. 快件自寄自取

有些顾客在网购时为了保护隐私，不愿意将自己的家庭地址透露出去，网购服务社区店可以为这些顾客提供收货地址。

5. 门店下单可以享受优惠

有些产品在网购服务社区店中的售价会比网络上的价格更低。

6. 在网购服务社区店下单的商品退货更为便利

比如,消费者在网络上购买了一件衣服,到货后可以先去网购服务社区店试穿,倘若感觉大小不合适或是款式不喜欢,可以直接取消购买,无须承担任何费用,省去了以往后续交涉退款退货等复杂程序。

第六章　电子商务与现代物流协同发展的策略

现代物流作为一种先进的组织方式和管理技术,被世界各国广泛采用,并形成一种新兴产业,在国民经济发展中发挥着重要作用。伴随着网络技术的飞速发展,电子商务也得到了迅速发展。如何让电子商务与现代物流协同发展,成了人们研究的重要课题。本章分为电子商务下现代物流的发展趋势、电子商务与现代物流协同发展的重要意义、电子商务与现代物流协同发展的有效策略三个部分,主要内容包括电子物流的异军突起、绿色物流发展成必然以及提升物流业信息化管理水平等。

第一节　电子商务下现代物流的发展趋势

一、电子物流的异军突起

随着电子技术与网络技术的快速发展,以电子信息为媒介,连接商品的生产、交换、消费、售后等环节的电子商务技术兴起,推动了电子物流的蓬勃发展。随着人们消费理念与消费模式的转变,基于网络平台连接企业与消费者的 B2C 模式越来越被人们所接受,并且给传统的商品流通模式带来前所未有的深远影响。这种电子商务模式加快了企业内部、企业与经销商之间、经销商与消费者之间以及政府部门之间的信息交互,使商品的流通更加快速、便捷。

电子物流是利用互联网技术对整个物流活动进行协调、控制和管理的物流形式,是把各种软件同物流服务紧密融合起来的物流形式。它实现了交易各方时空上的零距离交流,使物流过程中的物流、信息流、资金流有机结合在一起,比传统的商品交换模式更快捷、更方便。比如网购,消费者只需要完成浏览商品信息、选择商品、点击下单、填写个人信息及付款等环节,便可以足不出户等待商品的送达。由于商品的下单、出货以及最终的配送都应用了网络信息技术，实现了物流环节的无缝连接，这样的购物过程能够令消费者体验到快速高效的物流服务，因此这种物流形式越来越被广大消费者所接受。如今，电子物流作为一股新兴的力量异军突起，拥有越来越多的用户，影响也越来越大。

二、绿色物流发展成必然

绿色物流，简言之，就是使用先进的物流技术降低物流资源消耗，减少环境污染的物流方式。绿色物流是对可持续发展理论和生态经济学理论的继承和衍生，符合社会可持续发展的要求，反映了未来物流发展的方向和趋势。绿色物流不仅要求物流企业、产品制造企业、分销企业乃至政府部门都必须重视物流过程的节能化、无污染化，而且要求无论是从商品的生产加工到回炉再造，还是从商品的包装、运输、装卸到仓储、集散都必须绿色无害化，最终实现经济利益、社会利益、环境利益的统一。绿色物流对于现代物流企业的发展具有深远的影响，它可以减少企业物流的能耗，降低企业物流成本，提升企业利润空间，促进物流企业的可持续发展。

绿色物流的推进仅仅依靠物流企业远远不够，这是因为绿色物流的发展离不开运输设备、基础设施、物流技术的更新与发展，而这些机械化、标准化、集成化的改造仅仅依靠企业自身力量是难以实现的，需要政府的扶持、科学技术的支撑以及政策环境的科学导向。

总之，绿色物流是现代物流业发展的必然趋势，是物流企业、产品制造业乃至政府部门都必须重视的物流发展模式，是实现物流经济可持续发展的必然选择。

三、专业物流企业以及物流基地多元并进

专业物流企业是指第三方物流企业以及在此基础上延伸发展而来的第四方、第五方物流企业。所谓第三方物流就是指物品供应方或需求方以外的物流企业提供物流服务的业务模式，优势在于供需双方可以把更多精力放到主业上，把原本属于自己处理的物流活动，以合同方式外包出去，通过信息系统和专业物流企业保持紧密联系，以实现对物流全程控制的运作与管理模式。第四方、第五方物流则是指专门做物流方案和提供物流培训的机构，是第三方物流的衍生产物。

物流基地（俗称物流园区），不仅仅是多个物流企业在一定区域空间里的简单聚集，而是聚集了多种形式物流企业、具有一定的功能和规模、能够提供多种服务以及增值服务的物流业生产基地。比如，物流基地里各类物流信息高度集中，一旦有商品需要进入流通，就有物流企业设计最佳的运输方案，协调物流基地里的物流企业组织包装、集散、加工、运输、报关等业务，实现物流全过程的无缝连接，使物流利润空间最大化。

四、物流法律法规不断趋向完善

随着现代物流业在国民经济发展中的地位不断提升，各国政府都十分重视现代物流业的发展。就我国而言，自20世纪70年代以来，无论是中央政府还是地方政府，无论在制定法律上还是在制定发展政策上，对现代物流业的发展都给予了高度的重视。从制定的政策而言，影响较大的有2009年3月国务院颁布的《物流业调整和振兴规划》，2014年9月国务院出台的《物流业发展中长期规划（2014—2020年）》。从制定的法律法规而言，有调整物流主体行为的《中华人民共和国公司法》《中华人民共和国中外合作经营企业法》《中华人民共和国国际海运条例》等，有调整物流活动争议的《中华人民共和国民事诉讼法》《中华人民共和国海事诉讼特别程序法》等，有调整物流行为的《中华人民共和国国际货物运输代理业管理规定实施细则》《中华人民共和国汽车货物运输规则》等。可以看出，随着现代物流业的不断发展和深入，我国的物流法律法规将不断趋向完善。

第二节　电子商务与现代物流协同发展的重要意义

一、电子商务引发了物流业的发展变革

随着电子商务的兴起，网购以及在线销售逐渐兴盛，互联网可以直接为消费者提供选购产品的平台，产品的推销也可以通过网站来实现。例如，生产者、零售商、批发商、网店经营者都可以建立自己的网站。随着市场概念的不断延伸，传统的销售区域没有了时间及空间限制，客户的发展可以向全国乃至全世界扩展，国际市场真正形成。消费者对产品的选择范围更广，企业间的竞争也更加激烈。

电子商务环境下的物流改变了商业利润的获得方式，很多企业对于利润的获取不单单是从产品差价中赚得的，更多的是利用新途径获得。

二、流通技术的改革促进了产品的产销一体化

电子商务让物流业的流通技术有了新的变革，使物流业更加具有了时代特点。具体来说，电子商务技术是供应链优化的基础，产品的生产、流通、需求都能够被有效地连接起来，实现库存量、存货地、订货计划、运输的便捷选择。对消费者来说，他们所订购的产品可以准确、及时地送达，价格也比较便宜，并且购买方便，因此消费者的权利被最大化了。

三、电子商务极大地调整了产品的流通组织构成

在电子商务环境下，产品的运输和交接方法与以往相比有了很大不同。很多产品都在网上进行零售，商家可以省去批量购进、大量存货的环节，只要坐店销售就可以把产品配送到消费者手中。这样的产品流通方式，加快了商业产品的批发配送时间，使物流业的运作效率更高。电子商务改变了产品流通基础设施等配套行业的重点，快递公司、送货软件、支付公司等一大批物流企业以及配套行业的企业发展迅猛，而且这种发展趋势还在进一步加大。

第三节　电子商务与现代物流协同发展的有效策略

一、提升物流业信息化管理水平

（一）积极引进先进的信息设备

先进的信息设备不仅能为人们带来快捷的用户体验，而且使用适当的工具能达到事半功倍的效果。对于物流公司而言，合理使用信息设备可以最大程度地节省人力和物力，节省成本，并为客户提供差异化的服务，从而提升客户满意度。尽管引进先进信息设备的投资将为企业带来一定程度的支出，但从整体效率上来说，引进先进设备最终将为企业带来收益。

（二）提高企业员工信息化水平

员工是企业发展的基石，员工的信息化掌握程度直接影响着企业的发展。企业应积极增强员工使用信息设备的能力，为员工制订培训计划；企业自身也应积极引进优秀的信息化人才，提高企业信息化水平，增强企业信息化的优势。在互联网时代，谁能在信息化领域中取得领先优势，谁就可以优先抓住市场上更加全面的信息，从而迅速做出响应，做出判断、选择。提高员工的信息化水平可以促进电子商务物流业的人力和物力更好结合，在一定程度上效果更加明显。

二、加强电子商务与物流人才培养

人才短缺一直是电子商务和物流发展面临的困难之一。从国外相关行业的发展历史中不难发现，员工对电子商务和现代物流知识的了解程度对企业的生存和发展有着非常大的影响。目前我国无论是电子商务还是物流业，对相关方面的专业人才都迫切需要，如何更好地培养并留住人才，需要政府、企业和高校的共同努力。

（一）政府方面

政府应加强对电子商务人才的培养，推进国家电子商务专业知识的及时更新，大力支持在部分地区建设电子商务人才继续教育基地，建立健全职工资格认证体系，提高电子商务从业人员整体素质。

（二）企业方面

企业可以为电子商务或物流专业人士提供培训基地，协助政府开展工作，并开设实习职位。企业可与大学合作，提高专业人才的素质，同时建立创新的激励机制。例如，优秀的实习学生可以直接成为公司的正式员工。

（三）高校方面

首先，高校应依据市场需求变化，构建电子商务物流模块化课程体系。电子商务与现代物流业的深度发展，使行业人才需求不断变化。针对这种变化，高校在设置课程体系时，应主动了解行业发展的新特征和新趋势，依据人才需求的变化以及对人才专业能力上提出的新要求，对现行课程体系进行创新和完善。电子商务和现代物流两大专业，应在基础课程、理论课程、选修课程上建立互通模块，使学生能够同时了解两门专业的核心内容，了解商务运作流程方法，以便学生进入工作岗位后，能够快速地完成过渡，满足岗位的需要。

在基础课程中，电子商务和物流专业可设置创业内容，并辅以公共基础理论内容，帮助学生奠定良好的基础。

在理论课程中，电子商务和物流专业可设置现代物流理论、物流管理、相关法律法规、电子商务概论、电子商务运营管理等内容。

在选修课程中，可在物流专业中设置快件管理、配送服务、业务术语解释等课程，在电子商务专业中设置网站运营、电子商务宣传、网络营销等课程。选修课程可占据课程一部分比例，并给予学生充足的自主选择权，在学生进行课程选择时，教师可依据学生职业发展规划，为其提供参考。在选修课程中应选用趣味性的教学手段，培养学生与电子商务物流相关的职业能力，并提高学生主动学习探索的积极性，为后续实践教学奠定基础。

其次，建构多元教学手段，拓展实践教学资源。电子商务和现代物流复合型人才的培养，需要高校整合企业人才要求和高校培养目标，开发精品课程，创新教学手段，使人才培养方案更加贴合现代学习者的兴趣。针对这一培养目标，高校可构建电子商务物流教学资源库，针对职业需求，融合个体发展、企业需求，为理论和实践学习提供参考。当代青年学生接收的信息越来越多，信息更新速度越来越快，传统分散化的课程内容缺少一定的针对性，而多元教学手段可以针对电子商务和物流工作各个流程设置微课程，从而突破课堂的限制，帮助学生了解更多行业动态和专业知识。微课以教学视频为核心，能够针对教学内容进行教学主题、教学活动、教学课件的设计，因此教师可将资源库中的内容阶段性地融入微课中，使不同顺序的知识点完成重构，从而帮助学生了解更多业务流程和项目内容。在课程之外，教师可利用文档、题库、动画等形式，将教学内容和课后自主学习要求上传至平台，借助平台交互性的特征激发学生自主学习的兴趣，并通过师生之间的互动，关注更多学情，实现教学效果的提高。

最后，设置阶段性的人才培养方案，深化校企合作。针对部分学生学习基础不佳、学习主动性不足的问题，高校在开展实践活动时应依据学生认知规律，分阶段进行。一是在第一、第二学年，高校可选择电子商务和现代物流中的代表企业作为学生实习场所，帮助学生了解电子商务和现代物流业务流程，认识物流功能和工作职责，为学生职业规划提供参考。二是在学生学习完电子商务和物流核心课程内容后，高校可安排学生进入企业进行阶段性的培训和练习。学生可在企业中学习仓库分拣、包装检查、客户服务等工作流程，并在企业员工的帮助下进行实习，熟悉各项工作的流程，以培养现代化的职业精神。三是在综合性实践阶段，在学生具备一定的专业知识和能力后，高校可安排学生进行顶岗实习，学习基础较好和能力较高的学生，可安排进入企业从事业务推广、配送规划、营销管理等岗位。针对学生实习的具体情况，高校需要进一步细化顶岗实习的要求，引导学生总结实习情况、主动发现工作中存在的问题，切实提升学生职业技能，达成复合型人才培养的整体目标。

参考文献

[1] 于宝琴.电子商务与快递物流服务［M］.北京：中国财富出版社，2015.

[2] 刘智慧.电子商务物流系统的运作与管理［M］.北京：中国商务出版社，2016.

[3] 孙雪.物流信息管理与电子商务［M］.武汉：武汉大学出版社，2016.

[4] 兰征.电子商务物流［M］.北京：高等教育出版社，2016.

[5] 惠青，李平荣，罗倩.电子商务与物流管理［M］.长春：吉林大学出版社，2017.

[6] 董双双.电子商务与物流［M］.北京：科学出版社，2017.

[7] 陈平.电子商务［M］.北京：中国传媒大学出版社，2018.

[8] 郭子锋.电子商务客服与物流实训［M］.开封：河南大学出版社，2018.

[9] 南洋.基于电子商务环境下的物流体系研究［M］.长春：吉林大学出版社，2019.

[10] 狄娜，武慧芳.电子商务物流理论与实务［M］.延吉：延边大学出版社，2019.

[11] 林菊玲.电子商务与现代物流［M］.合肥：安徽大学出版社，2019.

[12] 周亚蓉.电子商务趋势下物流配送优化研究［M］.天津：天津科学技术出版社，2019.

[13] 王红艳.现代物流基础［M］.北京：北京理工大学出版社，2019.

[14] 沈易娟，杨凯，王艳艳.电子商务与现代物流［M］.上海：上海交通大学出版社，2020.

[15] 谢明，陈瑶，李平.电子商务物流［M］.北京：北京理工大学出版社，2020.

[16] 周晓.电子商务物流基础与实训［M］.西安：西安电子科学技术大学出版社，2020.

[17] 张惠莹，张蕾.电子商务物流配送实务［M］.北京：北京理工大学出版社，2020.

[18] 王卓然.电子商务物流研究［M］.哈尔滨：黑龙江人民出版社，2020.

[19] 张莉莉，姚海波，熊爽.现代物流学［M］.北京：北京理工大学出版社，2020.

[20] 梁淑慧，荣聚岭，周永圣.电子商务物流发展现状与对策研究［J］.中国市场，2015（12）：164-168.

[21] 武淑萍，于宝琴.电子商务与快递物流协同发展路径研究［J］.管理评论，2016，28（07）：93-101.

[22] 郭向红.电子商务发展对物流经济促进作用的实证研究［J］.现代营销，2019（12）：262-263.

[23] 李琳.关于电子商务物流终端配送的思考［J］.营销界，2019（52）：234-252.

[24] 王蓉.基于电子商务经济与现代物流的关系探究［J］.区域治理，2019（29）：51-53.

[25] 朱科羽.我国电子商务的发展：以J集团为例［J］.区域治理，2019（52）：70-74.

[26] 张子宣.电子商务背景下复合型物流人才培养策略［J］.现代商贸工业，2020，41（18）：20-21.

[27] 江梅霞，吴邦雷.国内B2C电子商务企业物流服务满意度研究［J］.湖北科技学院学报，2020，40（03）：10-14.

[28] 王志峰.电子商务环境下企业物流研究［J］.合作经济与科技，2020（19）：90-91.

[29] 朱静.企业电子商务物流配送模式选择研究［J］.中国管理信息化，2020，23（19）：160-164.

[30] 郑丹.基于B2C跨境电子商务物流模式选择的研究［J］.中国物流与采购，2020（23）：119.

[31] 杨勇，杨江源，高福秦.探索智慧物流背景下现代物流路径［J］.中国物流与采购，2020（13）：55.